Sigri Sandberg

DUNKELHEIT

Aus dem Norwegischen von Daniela Syczek

btb

Sollte diese Publikation Links auf Webseiten Dritter enthalten,
so übernehmen wir für deren Inhalte keine Haftung,
da wir uns diese nicht zu eigen machen, sondern lediglich auf
deren Stand zum Zeitpunkt der Erstveröffentlichung verweisen.

Wir haben uns bemüht, alle Rechteinhaber ausfindig zu machen.
Sollte uns dies im Einzelfall bis zur Drucklegung bedauerlicher-
weise einmal nicht möglich gewesen sein, werden wir begründete
Ansprüche selbstverständlich erfüllen.

Penguin Random House Verlagsgruppe FSC® N001967

1. Auflage
Deutsche Erstausgabe August 2022
btb Verlag in der Penguin Random House Verlagsgruppe GmbH,
Neumarkter Straße 28, 81673 München
Copyright © der Originalausgabe 2019 Samlaget
Umschlaggestaltung: semper smile
Umschlagmotiv: © Johanne Hjorthol
Satz: GGP Media GmbH, Pößneck
Druck und Einband: GGP Media GmbH, Pößneck
ts · Herstellung: sc
Printed in Germany
ISBN 978-3-442-77021-2

www.btb-verlag.de
www.facebook.com/btbverlag

Für Vinjar, Styrk und Steinar

»Vielleicht kommt die Sonne überhaupt nicht mehr wieder.
Vielleicht ist es finster auf der ganzen Welt.«

Christiane Ritter

Dunkelheit
Eine Liebeserklärung an den Nachthimmel
Die Autorin wurde durch ein Stipendium von
Det Faglitterære Fond unterstützt

INHALT

VORWORT 13

TAG 1 Montag 15

TAG 2 Dienstag 53

TAG 3 Mittwoch 105

TAG 4 Donnerstag 141

TAG 5 Freitag 153

EPILOG 161

DANKSAGUNG 165

QUELLEN 167

VORWORT

Wann hast du zum letzten Mal den Sternenhimmel betrachtet?

Schau dir doch mal ein Satellitenbild der Erde an. Wo unser Nachthimmel früher tiefschwarz war, leuchtet der Erdball heutzutage wie eine blinkende Weihnachtskugel. Den Zoom auf eine Stadt gerichtet, sieht man Flut- und Neonlichter, Autoscheinwerfer und Straßenbeleuchtung. Zoomt man noch tiefer in die Landkarte, bis zum eigenen Schlafzimmer, erkennt man vielleicht sogar Lampen, Fernseher, Tablets und Handybildschirme. Wer in einer Stadt wohnt und aus dem Fenster schaut, dessen Blick wird von einem grau-gelben Schleier von der Milchstraße getrennt – selbst nachts, selbst im Winter, selbst in Norwegen, dem Polarnachtland.

Der Mensch hat immer schon gegen die Dunkelheit gekämpft – aber ist es uns nun bald mal hell genug? Inwiefern verändert all dieses Licht uns und andere Lebewesen?

Es soll Ärzte geben, die sowohl selbst als auch ihren Patientinnen und Patienten als Schutz vor künstlichem

Licht orangefarbene Brillen aufsetzen. Andere kämpfen gegen die globale Lichtverschmutzung und setzen sich für das von ihnen postulierte Menschenrecht ein, einen klaren Sternenhimmel zu erleben.

Im Hochgebirge Norwegens, im Örtchen Finse, ist es noch dunkel und sternenklar, was man besonders jetzt, zur finstersten Jahreszeit, genießen kann. Dort will ich hin – um nach natürlicher Dunkelheit, Wissen und dem Nachthimmel zu streben und herauszufinden, wie lange ich dort zu bleiben wage. Paradoxerweise fürchte ich mich nämlich vor beiden Szenarien; vor dem Zuviel und dem Zuwenig an Licht. Doch die Angst vor der Dunkelheit nimmt mich stärker ein, zumindest wenn ich ganz allein bin.

Nach Finse führt keine Autobahn, also kaufe ich mir ein Zugticket.

TAG 1

Montag

Montag Morgen, ziemlich früh, rollt der Zug aus der Stadt hinaus, während diese flimmert und flackert und regelrecht in künstlichem Nachtlicht badet. Meinen großen blauen Rucksack quetsche ich zwischen riesige Koffer und Taschen im Gepäckfach des Waggons Nummer vier, suche meinen Sitzplatz und lasse mich auf Platz 36 nieder.

Wie viele andere in dieser Stadt, wohne ich in einem Wohnblock mit dem Luxus einer Rundumaussicht auf den Fjord und Tausende von Hausdächern, dazwischen ein bisschen Waldfläche. Nachts jedoch verwandelt sich all das in ein leuchtendes, fast knisterndes Rauschen aus starkem Summen, das von höheren Tönen unterbrochen wird. Alle Großstädte sind nachts in diesen Kunstlichtteppich eingehüllt, auch Oslos Licht strahlt 150 bis 200 Kilometer weit in alle Richtungen. Kein Wunder also, dass es bekanntermaßen schwierig ist, den Sternenhimmel von hier aus sehen zu können, geschweige denn die Milchstraße – unmöglich.

Das ordentliche Tageslicht des Vormittags lässt sich allmählich blicken, während der Zug vor sich hin rattert.

Waggon vier surrt vor lauter Gesprächen und Schritten, leiser Musik, Kaffeeschlürfen und einem huttragenden Kontrolleur, der hustend nach den Tickets fragt. Mit an Bord genommen habe ich meinen Laptop und einige Bücher, von denen eines von einer Frau handelt, die sich aus einem anderen Dorf auf den Weg machte. Christiane Ritter war unterwegs in den hohen Norden, nach Spitzbergen und sollte dort einen Winter und eine Dunkelheit erleben, die ihr bis dahin unbekannt gewesen war. Doch wie dunkel wird es so nahe am Nordpol eigentlich wirklich? Und würde sie damit zurechtkommen?

Christiane

Christiane war eine Dame des böhmischen Großbürgertums, das damals Teil der Tschechoslowakei war. Ihr Ehemann, Hermann Ritter, war Pelztierjäger auf Svalbard, dem Archipel zwischen Nordpol und norwegischem Festland. Er versuchte, sie in den Norden, genauer gesagt in den nördlichen Teil der größten Insel Spitzbergens, nach Gråhuken, zu locken. Ihre Kunstmalerei, ihre vierjährige Tochter und ihr Freundeskreis ließen sie zögern, ihr Mann jedoch schrieb einen Brief nach dem anderen, in denen er sie aufforderte: »Laß alles liegen und stehen und folge mir in die Arktis!«

Er schrieb, dass es ihm unmöglich sei, ihr das Leben dort genau schildern zu können – das ewige Licht des

Sommers. Die endlose Dunkelheit des Winters. Sie müsse kommen, um sich selbst ein Bild zu machen. Schließlich ließ sie sich überreden, packte ihre Koffer und brach im Sommer 1934 auf. Mit sich nahm sie ihre Bibel, Kamelhaarunterwäsche, getrocknete Petersilie und Malutensilien. Sie bestieg ein Schiff, das sie immer weiter, Norwegens Küste entlang, Richtung Norden brachte und ihr eine Landschaft eröffnete, die zunehmend karger und einsamer wurde.

Sie passierte den nördlichsten Festlandspunkt und segelte an Bjørnøya vorbei. Als die anderen Passagiere herausfanden, wo ihr Ziel lag, erschraken sie: »So. Na, das schlagen Sie sich mal ausm Kopp. Da frieren Sie ja tot auf der Insel. Da passen Sie nicht hin, Sie kleene Puppe. Und Skorbut könn' Sie da auch kriegen.«

An der Nordwestküste Spitzbergens, in Ny-Ålesund, traf sie ihren Mann, gemeinsam segelten die beiden mit einem kleineren Boot weiter. Hier rühmten sich viele Menschen lautstark, die Inselgruppe zu kennen und ein Norweger beschrieb den Frühling als die beste Zeit dort. Christiane glaubte nicht, dass es sich für sie so anfühlen würde und lehnte trotzig ab, jemals so wie diese Menschen zu werden. »Oh, Sie werden auch gefangen werden«, sagte der Norweger leise, aber bestimmt.

Nach einer langen Reise sah Christiane in der Ferne endlich Gråhuken, einen menschenleeren grauen lang gestreckten Küstenstreifen. Sie erblickte auch die Hütte, von der sie dachte, sie sähe aus wie eine winzig kleine Schachtel, die an Land geschwemmt worden war. Hier sollte sie also leben – gemeinsam mit ihrem Mann und noch einem Jäger und das ein ganzes Jahr lang. Einen unglaublichen, langen Winter lang. Auf dem Boot sprach niemand, nur ein älterer deutschsprachiger Herr rang sich ein paar Worte ab: »Nein, gnädige Frau, da können Sie doch unmöglich den Winter über bleiben. Das wäre ja ein bodenloser Leichtsinn!«

Überall Grau und Regen, sodass in Christiane der Eindruck entsteht, es handle sich um ein äußerst ungemütliches Land. »Nichts als Wasser, Nebel und Regen; es benebelt die Menschen, bis sie ihren Verstand verlieren. Was haben die Menschen bloß an dieser Insel? Wie viel Hoffnungen, wie viele stolze Pläne sind hier vernichtet worden, wie viele Unternehmungen sind gescheitert, und nicht zuletzt: wie viele Menschenleben hat das Land gefordert!«

Sie bringen ihr Gepäck an Land, und Christiane begutachtet die kleine Hütte: 7,42 x 1,28 Meter groß, insgesamt weniger als zehn Quadratmeter Fläche und 250 Kilometer von der nächstgelegenen Stadt Longyearbyen entfernt. Als das Boot ablegt, wird ihr klar, dass es völlig ungewiss ist, wann sie das nächste Mal andere Menschen treffen wird. Die Jäger und Fänger besitzen keine Satellitentelefone, es gibt keinen Rettungsdienst oder Hubschrauber, der ihnen zu Hilfe kommen könnte.

Der Ofen funktioniert nicht, und der Nebel liegt dicht über der Bucht. Christiane wendet sich an ihren Mann: »Wo ist eigentlich mein Boudoir, das du mir in deinen Briefen versprochen hast?«, erkundigt sie sich nach einer Schminkstube, um sich wohler zu fühlen.

»Noch nicht gebaut, wir müssen erst nach Brettern schauen, das Meer schwemmt manchmal welche an«, gibt ihr Mann zur Antwort.

August, Sommer, durchgehendes Licht. Durchgehendes Grau.

In Finse steige ich aus, 1222 m ü. M.

Ich wurde im August geboren und liebe diese Jahreszeit mit ihren langen, hellen Abenden am warmen Fjord. Nicht weiter verwunderlich, denn wir Menschen in den warmen Klimazonen sind nicht dafür gemacht, uns mit Daunenjacken und Wollunterwäsche herumzuschlagen. Unsere Gene ticken seit Urzeiten im Takt des hellen Tageslichts und der Nachtdunkelheit.

Trotzdem habe ich acht Jahre lang auf Svalbard gelebt und immer schon viel Zeit in Finse verbracht. Routiniert habe ich meine Kapuze festgezogen, die Sturmbrille aufgesetzt und mich über vierzig Jahre in Wind und Dunkelheit fortbewegt. Vermutlich fühlt es sich deswegen auch so an, als wären Schnee und Sturm, Graupel und harsche Loipen zu einem Teil von mir geworden. Um es anders auszudrücken: Manchmal brauche ich es, die Luft dort oben einzuatmen. Manchmal muss das einfach sein.

Außerdem kann man in Finse am allerbesten den Sternenhimmel betrachten.

Jedoch war ich dort nie wirklich auf mich allein gestellt. Ich bin nicht gern allein, auf jeden Fall nicht lang, höchstens ein paar Stunden. Ich habe bei vierzig Grad Minus draußen am Berg im Zelt oder in Schneehöhlen übernachtet, na klar, aber immer mit jemandem an meiner Seite. Mit einem Mann, meinen Kindern, Freunden. Auch wenn es mir nicht leichtfällt, muss ich es schaffen: allein in den Bergen zu bleiben, wenn es dunkel wird. Ich möchte es üben, weil ich wirklich gern dort sein will. Auch wenn ich in meinem Leben schon oft umgezogen bin, hat es mich doch immer wieder nach Finse gezogen. Die Hütte, generell dieser Ort, gehören zu den Fixsternen in meinem Leben, die mir wohl auch den Weg leuchten können sollten, wenn mich in der Dämmerung niemand umarmen kann.

Genau dann müsste ich eigentlich schreiben können, schließlich bin ich Journalistin, die Reportagen, ja, ganze Bücher über die Natur, den Norden und deren Beziehung zu den Menschen schreibt – und wie all dies unsere sonst so instabile Welt zusammenhält. So wirklich gut sieht unsere Perspektive ja nicht aus, also wird diese Reise vielleicht Teil eines größeren Projekts werden. Vielleicht auch nicht, denn es kann genauso gut sein, dass ich Sinnlosigkeit verspüre und an der Hüttentür umdrehe.

Aus dem Zugfenster betrachte ich die vorbeiziehende Landschaft und sehe immer weniger Bäume, die schließlich ganz von der Bildfläche verschwinden. Ich denke an meine Kinder und meinen Mann, die in der Stadt geblieben sind. Ich vermisse sie jetzt schon. Nach viereinhalb

Stunden steige ich am Bahnhof Finse aus dem Zug und befinde mich 1222 Meter über dem Meeresspiegel auf dem höchstgelegenen Bahnhof Europas.

Finse wird auch die südliche Arktis genannt, weil beide ähnliche Temperaturen und Landschaften aufweisen, sich Wind und Winter der beiden Orte gleichen. Keine Bäume, die Jahresdurchschnittstemperatur unter null Grad, der Platz, an den die alten Helden sich wandten, wie der britische Polarheld Ernest Shackleton, der hier für lange, harte Expeditionen trainierte. Etwas später bereitete sich auch Fridtjof Nansen dort auf Großes vor, und auch bei Roald Amundsen zu Hause hingen Fotos des Sees Finsevatnet und des Gletschers Hardangerjøkulen. Die Geschichte des Ortes ist eine jüngere, ähnlich der Spitzbergens. Finse wurde erstmals während des Baus der 1909 fertiggestellten Zugstrecke Bergensbanen besiedelt.

Die Gleisarbeiter kamen auf der Suche nach Arbeit aus dem Tal heraufgewandert und wohnten in kleinen Baracken im Hochgebirge, um an der 492 Kilometer langen Bahnstrecke vom Osten in den Westen Norwegens zu arbeiten. Ins Innerste des dunkelsten Berges sprengten und bohrten sie Tunnel mit Dynamit und ihren bloßen Händen. Ein fast unmögliches Projekt, denkt man an das Wissen und die Technologie zu dieser Zeit, ganz zu schweigen davon, wie hart die Arbeit gewesen sein muss. In Dreck und Dunkelheit, Schneefall, Sturm und strömendem Regen.

Die Bergensbanen wurde als mutiges, anspruchsvolles und großartiges Projekt bezeichnet – und kostete ein ganzes Staatsbudget für die damalige Zeit: 52,5 Millionen Norwegische Kronen. »Die größte Errungenschaft unserer Zeit«, nannte König Haakon sie, als er die Strecke im November 1909 eröffnete. Nun konnte man von Oslo nach Bergen fahren und das in nur 15 Stunden. Oder im Hochgebirge aussteigen und ins schicke Hotel einchecken.

Ich bin die einzige Person, die hier aussteigt. Beim Bahnhof gibt es immer noch ein schönes Hotel, ein paar Meter weiter steht eine kleine Touristeninformationsbude. Alles geschlossen, schließlich ist gerade nicht Saison. Der Wind weht kräftig.

Feuer im Ofen und Furcht in mir

Ich packe meine Skier und Sturmbrillen und wandere Richtung Hütte. Hinter mir ziehe ich den Schlitten, der mit Lebensmitteln und anderem Zeug beladen ist, das man braucht, um hier ein paar Tage allein verbringen zu können. Nach Finse führt, wie gesagt, keine Autostraße, weswegen der nächste Laden meilenweit entfernt liegt. Ich laufe knappe drei Kilometer im Neuschnee, weiße Landschaft und leichter Wind, sehe die Hütte zuerst in einiger Entfernung, erreiche sie dann mit Leichtigkeit.

Ich stecke den Schlüssel ins Schloss und packe aus, die Hütte ist kalt, und ich feuere den Ofen an. Ich beobachte den weiten und eisigen See und den leichten Wind. Bald wird es drei Uhr sein, nur mehr ein paar Momente, bis es dunkel wird. Meine Hütte ist sowohl besser als auch fünf

Mal größer als die von Christiane Ritter, außerdem verfügt mein Ofen über eine Glastür, durch die ich die Flammen und ihr helles, gelbes Leuchten sehen kann.

Ich weiß nicht, ob ich das hier bereue. Na gut, ich bereue es. Selbst wenn ich mich freiwillig in diese Situation gebracht habe, fürchte ich mich nun so vor der Dämmerung, dass ich die Angst tief in meinem Herzen und bis in die Fußspitzen spüre. Es schmerzt. Ich weiß, die Dunkelheit wird mich umschließen, jedoch nicht zärtlich, sondern heftig zupacken. Ich weiß, die breiten Fensterflächen werden zu schwarzen Wänden, die Landschaft wird verschwinden, und ich werde mich schwerer und schwerer fühlen. So reagiert mein Körper auf Dunkelheit, dafür kenne ich mich selbst schon gut genug.

Also mache ich es jetzt zu einem Ritual, bereits am ersten Abend. Ich lasse es einfach kommen, den Körper in die Schwere gleiten und sitze während der Dämmerung abwechselnd häkelnd und rausschauend auf dem Sofa, lasse mich von der blauen Stunde einhüllen. Schalte das Licht nicht mehr ein, sodass nur das schwache Licht des Ofens schummrig leuchtet, denn sonst wirkt es draußen nur noch dunkler. Vielleicht ist das mein Versuch die Dunkelheit willkommen zu heißen, damit sie mich nicht unvorbereitet trifft.

Ich weiß, dass sich das Schlimmste anbahnt, wenn ich die Augen schließe, um einzuschlafen, denn da gebe ich die ganze Kontrolle ab. Ich habe weder Angst vor Wölfen oder Gespenstern noch vor Eisbären. Wofür fürchte ich mich also so?

Ich will dir von der Dunkelheit erzählen.

Seit meiner Kindheit fürchte ich mich vor der Dunkelheit, schon damals, als ich in der Rolle der großen Schwester für eine Handvoll kleiner Geschwister die Verantwortung trug.

»Vergesst nicht, beide Türen abzuschließen«, erinnerte ich meine Eltern jeden Abend, als sie mir das letzte Schlaflied gesungen hatten. Täglich begleitete mich dieses Mantra.

Damit niemand einbrechen könne – aus der Dunkelheit, wie die Dunkelheit selbst hereinbricht.

Der Begriff Dunkelheit und seine kulturelle Mehrfachbedeutung

In mir löst das Wort *Dunkelheit* eine Bewegung aus; es tut sich eine tiefe Furche in meinem Innersten auf, in der Trauer und Krankheit, Nacht und die Farbe Schwarz wohnen – Tür an Tür mit meiner höchstpersönlichen Angst vor der Dunkelheit.

Doch auch im Allgemeinen bezeichnet *Dunkelheit* etwas Negatives, etwas Schweres, Trauriges, das auch andere Wörter runterzieht: Dunkelmann. Dunkle Stunden, Dunkelziffern, eine dunkle Vergangenheit oder Zukunft, geistige Dunkelheit, jemanden im Dunkeln lassen. Die dunkle Seite von etwas, das dunkle Zeitalter, im Dunkeln tappen. Oft muss Licht ins Dunkel gebracht werden, um die Situation zu verbessern, so liest man es oft in Romanen und Gedichten und hört man es in Liedern und generell im

Leben. Wie oft ich wohl die Tür einen Spalt offen stehen ließ, um das Licht des Flurs ins Zimmer zu lassen?

Immer schon kämpften die Menschen gegen ihre innere und die äußere Dunkelheit auf der Welt an. Die Finsternis war ein Feind, der Kälte gleich, etwas Unsicheres, wohingegen das Licht durch und durch gut und positiv besetzt scheint. In der griechischen Mythologie heißt es, das Feuer sei der Sitz der Götter gewesen. Als im Schöpfungsprozess die Tiere all ihre positiven Eigenschaften erhalten hatten, stahl der Gott Prometheus das Feuer und schenkte es den Menschen zum Trost. Den Göttervater Zeus erzürnte dies und er schuf die Pandora, um den Mann zu bestrafen.

Seitdem strebt der Mensch stetig danach, mehr Licht zu schaffen und um sich zu haben. In der westlichen Philosophie wird Licht seit jeher mit Wahrheit, Fähigkeit und Weissagungskräften assoziiert. Licht steht für Leben und das Gute, Dunkelheit für Tod und das Böse. In religiösen Schriften, die auf einige Jahrtausende vor Christus datiert werden, sind Sonnengötter, sowie ein dunkles und kaltes Totenreich überliefert. Die Zweiteilung in den hellen Himmel voller Licht und die dunkle Hölle der Finsternis hält sich bis heute in der Pop-, und in Subkulturen. Licht bedeutet Sicherheit, denn durch Helligkeit verlieren die dunklen Kräfte ihre Macht, was wir aus der nordischen Mythologie als das Versteinern der Trolle kennen.

Verhindert diese kulturelle Dichotomie, dass wir die Dunkelheit auch als etwas Sanftes und Positives betrachten können? Schließlich stellen wir erst jetzt, in den allerjüngsten Sekunden der Menschheitsgeschichte fest, dass auch die Dunkelheit eine für uns immens wichtige Bedeutung hat. Ein bisschen … na ja, schon wichtig … na gut, wir brauchen sie!

Ich wurde 1975 geboren, sowohl meine als auch die Generation meiner Eltern wuchsen also mit elektrischem Licht auf. In meinem ganzen Leben begegnete ich darum noch keiner wirklichen Dunkelheit außer an Orten, die sehr weit weg und fernab von Städten liegen. Vielleicht rührt es vom Fehlen solcher Erfahrungen, dass ich diese Angst vor der Dunkelheit mit mir herumtrage? Vielleicht habe ich mich deshalb noch nicht damit beschäftigt, was wir im Begriff sind zu verlieren?

Das will ich nachholen, indem ich naturwissenschaftlichere und konkrete Definitionen heranziehe:

Was ist eigentlich Dunkelheit?

Steht die Sonne unter dem Horizont tiefer als 18°, sprechen wir von *astronomischer Dämmerung*. Aufgrund der globalen Lichtverschmutzung muss man jedoch fast bis an das Ende der Welt, in die Wüste oder auf das offene Meer, reisen, um wirkliche Finsternis zu erleben. Die amerikanische Forschungsbasis am Südpol ist Ende Juni der vermutlich dunkelste von Menschen erkundete Ort dieser Erde. Zumindest theoretisch, wenn sie selbst alle Lichter ausmacht und kein Schnee liegt.

Um die Dunkelheit zu verstehen, müssen wir auch ein grundlegendes Verständnis für Licht bekommen, immerhin definiert die Astrophysik Dunkelheit als *Abwesenheit von Licht*. Im Weltall kann der Abstand zwischen Objekten unvorstellbar groß sein. Gibt es also kaum Lichtstreuung zwischen den hellen Sternen, nennen Physiker und Physikerinnen diese *Abwesenheit von Licht in einer bestimmten Blickrichtung* Dunkelheit.

Dunkelheit kann daher auch als *erlebte Abwesenheit von Licht* definiert werden.

Denn eigentlich verhält es sich folgendermaßen: Klitzekleine Lichtmengen dringen überall ein, in jeden Winkel des Universums, jedoch kann unser Auge das nicht erfassen, weil es dafür zu einfach gebaut ist. Menschen können elektromagnetische Wellen als Licht wahrnehmen, wenn der Abstand zwischen den Wellen 400 bis 700 Nanometer (einen Milliardstel Meter) beträgt. Warmes, gelb-rotes Licht weist einen größeren Wellenabstand und eine niedrigere Frequenz auf als kaltes, bläulich weißes Licht.

Jedoch existiert im Universum nicht nur das Licht, das für den Menschen sichtbar ist. Funkwellen, Mikrowellen, infrarote und ultraviolette Strahlung, Röntgen- und Gammastrahlung gehören auch zu der Art Energie, die Licht genannt wird. Einige dieser Strahlen werden an der Atmosphäre gestoppt, andere brechen durch.

Das größte Problem unseres Auges besteht darin, dass die Öffnung zur Netzhaut winzig ist, was es ihm schwierig macht, so viel Licht auf einmal zu bündeln. Um dieses schlechte Sehvermögen auszugleichen, wurden technische Hilfsmittel erfunden: Sowohl Kameras als auch Teleskope sind Ferngläser mit einer größeren Öffnung, als das menschliche Auge sie besitzt, sodass mittels Spiegel und diverser Geräte das Licht so gebündelt werden kann, dass es in unser Auge passt. Dadurch ist es uns möglich, mehr zu sehen, weiter und sogar bis ins Weltall zu blicken – vorausgesetzt, es ist dunkel genug auf der Erde.

Dass es Dunkelheit im astronomischen Sinne eigentlich gar nicht gibt, ist von fundamentaler Bedeutung. Gute Neuigkeiten, das merke ich mir gern und spüre nach, ob ich dieses Wissen tröstlich oder hilfreich finde. So richtig glauben kann ich nicht, dass es die Dunkelheit gar nicht geben soll. Was bedeutet es schon für die Existenz der Dunkelheit, ob ein unwichtiger und schlecht konstruierter menschlicher Körper sie als real oder erlebt wahrnimmt? Was haben eigentlich schwarze Löcher, schwarze Materie, der Nachthimmel und das, was ihn bedroht, damit zu tun? Uff, wie müde mich all das doch macht. Nun habe ich wirklich keine Lust mehr, mich damit zu befassen, außerdem fühle ich mich einfach nur mickrig und müde, wenn ich Angst habe.

Ich gehe zum westlichen Fenster, denn dort ist der Handyempfang am besten, und rufe meinen Mann an, um ihm zu sagen, dass ich mich fürchte.

Er erwidert, dass es nichts gibt, wovor ich mich fürchten müsse. Meine Antwort lautet, dass dieser Beruhigungsversuch nur geringfügig fruchtet.

Ich bitte ihn, mir ein Gutenachtlied vorzusingen. Er tut es.

Christiane

Christiane Ritter ist eine vornehme Dame. Auch wenn die Abende im Reich der Mitternachtssonne hell erleuchtet sind, trägt sie dort oben auf Gråhuken Hut und Mantel. Bereits in der ersten Nacht gesteht sie, keine Ahnung zu haben, wie man überhaupt in einen Schlafsack einsteigt.

»Man zieht mir höflich Hut und Mantel ab, und dann werde ich kurzerhand in den Schlafsack gehoben und wie eine Roulade an die Wand gerollt.« Die ganze Nacht über ist es hell bzw. eher grau, denn das Einzige, was sie sieht, ist Nebel. Und Steine: »Steine, Steine, im Wachen und im Schlaf sehe ich jetzt Steine. Sie werden mir, ich fühle es, zur Wahnvorstellung. Das steinige Land, die ganze gigantische Unfruchtbarkeit verfolgt mich langsam wie ein böser Traum.«

Die Hütte, in der sie lebte, wurde 1928 vom legendären Jagdteam des Überwinterers Hilmar Nøis gebaut. Christianes Mann und sein Jagdkumpel Karl Nikolaisen bauten in diesem Herbst einen Zubau aus Treibholz, um ihr auf ein paar Quadratmetern das »Boudoir« zu errichten, das Hermann ihr versprochen hatte.

Der Nordnorweger Karl war wenig zuversichtlich und eher sicher, dass die feine Dame aus der europäischen Stadt vor lauter Einsamkeit verrückt werden würde. Verrückt vor Dunkelheit, Stürmen, Männern und dieser winzigen Hütte.

Nach und nach legte sich jedoch der Nebel. Die Männer waren viel auf der Jagd, räucherten Fuchsfelle, schossen Schneehühner, denn es war unerlässlich, Vorräte aufzubauen, bevor die Polarnacht über Spitzbergen hereinbrach. Auch Christiane verliebte sich in die weite Landschaft, die Gletscher, die das Meer küssten, die Stille, den Neuschnee, der sich über die Erde legte. Die Jagdhütte hieß Kap der Ruhe – definitiv einer der schönsten Hüttennamen, die ich je gehört habe … ach, seien wir ehrlich, es ist der schönste – Kap der Ruhe.

Doch allmählich legten sich Herbst und Dämmerung auch über Gråhuken.

Die Polarnacht und ein Bergmann

Wenn die Sonne nicht auf- oder untergeht, sondern ihre ganze Umlaufbahn unter dem Horizont zeichnet, erlebt man eine Polarnacht. Außerdem befindet man sich wohl nördlich des nördlichen oder südlich des südlichen Polarkreises. Die Polarkreise verlaufen imaginär, sind also nicht ganz statische Kreise rund um den Globus, die man parallel zum Äquator zieht.

Die Polarnacht schleicht sich z.B. in Norwegen in gewisser Weise wegen hoher Berge und Täler auch an südlichere Landesteile heran, wo die Sonne auch im Winter keine Chance mehr hat, wie in Rjukan in der Telemark. Diese ehemalige Industriestadt ließ damals sogar eine Seilbahn auf den hiesigen Berg bauen, damit die ansässigen Arbeiter auch in den Genuss von Licht und Himmel kommen konnten. Inzwischen arbeitet man dort natürlich mit reichlich künstlichem Licht und Sonnenspiegeln direkt im Ortszentrum. Im Innersten des Sognefjords, genauer gesagt im Lustrafjord im Dorf Kroken, müssen die Höfe um die Weihnachtszeit ganze acht Wochen auf Sonnenlicht verzichten.

Auf Svalbard wird es mitten im Winter so komplett dunkel, dass nicht einmal Zwielicht zu erkennen wäre. Keine blaue Stunde. Kein Grau. Tagsüber ist es schlicht und einfach genauso dunkel wie nachts, denn die Sonne steht auch mitten am Tag auf sechs Grad unter dem Horizont. Diese sogenannte Polarnacht dauert in Longyearbyen ungefähr acht Wochen an.

In meinem ersten Winter dort oben reagierte ich einfach nur mit tiefer Faszination. Die Stadt war natürlich hell erleuchtet, aber alles rundherum war in ein unwirkliches Dunkel getaucht.

Keine Frage, dass ein Ort und ein Land mit einer so langen Dunkelphase ein wenig künstliches Licht brauchen, schon der Sicherheit und des Wohlbefindens wegen, aber auch um den ganz normalen Alltag bestreiten zu können.

Im ersten Polarwinter machte es mir noch Spaß, auch im zweiten. Im dritten besorgte ich mir eine Tageslichtlampe, die mich wachhalten sollte, damit ich zur Arbeit fähig war. Nach und nach, im sechsten, siebten und achten Winter, war die Freude daran verschwunden, und ich wollte nur noch schlafen, tagein, tagaus.

Eines dunklen Tages interviewte ich einen Bergmann, Svein Jonny Albrigtsen, der seit meinem Geburtsjahr 1974 auf Spitzbergen wohnte und seit über dreißig Jahren unter

Tage arbeitete. In den letzten Jahren hatte er täglich um 06.15 den Bus aus Longyearbyen raus zur Mine 7 genommen, die etwas mehr als eine Meile außerhalb der Stadt in einem Berg liegt. Er arbeitet im finsteren Berg und kommt erst gegen 16 Uhr wieder nach Hause, weswegen er – auch wenn es im Februar wieder heller draußen wird – keinen einzigen Lichtstrahl abbekommt. Er erzählte, er sei zu Winter- und Polarnachtzeiten müder, auch wenn es in dieser Periode früher noch dunkler gewesen sei, bevor es so viel künstliches Licht und Straßenlaternen gab. Bevor Flugzeuge abhoben, als das letzte Schiff Richtung Süden im Oktober ablegte und sie den ganzen Winter total isoliert lebten. Außerdem kannte er damals alle in der Stadt, was heute natürlich nicht mehr der Fall ist.

Aber nein, Angst hatte er deswegen noch nie verspürt.

»Solang meine Lampe mir Licht spendet, geht es mir gut«, sagte er.

Albrigtsen berichtete jedoch von anderen, denen Schlafprobleme zusetzten, wenn es keinen Unterschied mehr zwischen Tag und Nacht gab.

Solcher Geschichten finden sich viele; Berichte über Menschen, die mit der ewigen Dunkelheit nicht fertig werden. Einer wollte um acht Uhr zur Arbeit kommen, war jedoch nicht vor 14:00 dort, am nächsten Tag erst um 16:00, weswegen er erst in den Morgenstunden am Tag darauf einschlief – den Rest kann man sich denken, alles kam endgültig durcheinander. Diejenigen, die mit der Dunkelheit nicht zurechtkommen, ziehen ganz schnell wieder zurück in den Süden.

Ich erinnere mich an Touristen, die eher zufällig einen Flug von Oslo nach Spitzbergen im Dezember nahmen und am Freitagabend in der Kneipe darüber sprachen, was sie am nächsten Tag, wenn es hell geworden war, unternehmen wollten. Als wir sie darauf aufmerksam machten, dass es morgen nicht hell werden würde, kein bisschen sogar, glaubten sie uns nicht. Sie lachten uns nur aus ...

Der Bahnhof Finse leuchtet

An diesem Montag wird es in Finse allmählich dunkler. Ich kann es sehen, aber ich spüre es auch. Wie es hier Brauch ist, gehe ich zum Pinkeln hinter die Hütte. Dabei benutze ich keine Stirnlampe, die zwar praktisch sein kann, doch der Strahl ist stark eingeschränkt, und je mehr man in den Lichtkegel schaut, desto weniger sieht man vom Rundherum wie der Landschaft oder dem Himmel. Die Strahlkraft dieser Stirnlampen hat sich in den letzten Jahren extrem verbessert:

Trifft dich ein solcher Lichtstrahl von jemandes Lampe zum Beispiel im Vorbeigehen beim Langlaufen, kann deine eigene Sehkraft noch einige Zeit später stark eingeschränkt sein.

Im Moment versuche ich, meine Augen an die Dunkelheit zu gewöhnen, wie Katzen es tun, denn der Mensch besitzt eine der schlechtesten Nachtsichtfähigkeiten aller Lebewesen. Katzen leben mit einem Sichtfeld von 285 Grad und sehen auch nachts ausgezeichnet. Dass sie auch in völliger Dunkelheit sehen können, ist jedoch ein Mythos, denn sie nutzen stattdessen ihre anderen Sinne ausgiebiger und orientieren sich anhand von Geräuschen, Gerüchen und ihren tastfähigen Schnurrhaaren.

Von hier aus kann ich den Bahnhof Finse nicht sehen, muss aber feststellen, dass die Wolke über dem Berg hinter der Hütte etwas gelber als der Rest des Himmels gefärbt scheint. Obwohl das Hotel und die Touristeninfo geschlossen sind und der Bahnhof nach heftigen Protesten seit Kurzem unbemannt bleibt, ist von dort ein gewisser Lichtschein wahrnehmbar, den lieben langen Tag über, ganzjährig.

Ansonsten sehe ich nicht viel, obwohl Schnee liegt, höchstens undeutlich den Berg da hinten, doch keine Steine mehr. Der Himmel besteht aus dunklen Wolken, kein Stern zu sehen, kein Mond, gar nichts. Drinnen wickle ich mich fest in eine Decke ein und lege ein Scheit Holz nach. Ich schaue raus, doch … ach nein, vermutlich ist es besser von nun an nach innen zu schauen, ins Feuer, in mich.

Angst vor der Dunkelheit und die dazugehörige körperliche Reaktion

Die Erbanlagen unseres Körpers sind noch aus Urzeiten darauf programmiert, uns in Gefahrensituationen weiterzuhelfen, weswegen es klug war, vor der Dunkelheit, schwindelerregenden Höhen und giftigen Spinnen flüchten zu wollen. So gesehen scheint dieser Respekt vor der Nacht also einfach nur praktische Hintergründe zu haben. Die Furcht vor der Finsternis konnte die Höhlenmenschen zum Beispiel daran hindern, sich aus dem Nachtlager zu bewegen, denn das hätte sie unnötig Raubtierangriffen oder anderen nächtlichen Gefahren aussetzen können. Sinnvoller war es, am Feuer zu sitzen, zur Ruhe zu kommen und zu schlafen. Klar, denn wenn das Sehvermögen beeinträchtigt ist, verlieren wir die Kontrolle und den Überblick, dafür lässt unser Körper uns auf andere Arten wachsam sein und schärft unsere anderen Sinne, wie das Gehör und den Geruchssinn.

Heutzutage gilt diese Angst nicht mehr als überlebenswichtig, doch das Gefühl ist geblieben und hat einen Namen: *Achluophobie* bedeutet, Angst in oder vor der Dunkelheit zu haben. Zu einer Phobie wird die Angst, wenn sie uns im Alltag beeinträchtigt, außerdem sind Phobien irrationale, heftige und anhaltende Ängste vor bestimmten Situationen, Aktivitäten, Gegenständen, Tieren oder Menschen, im Vergleich zu alltäglichen leichteren Ängsten.

Der Psychologieprofessor Asle Hoffart definiert sie als *übermäßige Angst, im Dunkeln zu sein.*

»Man verliert die Übersicht, die einem das Licht bietet, darum haben Menschen mit dieser Phobie das Gefühl, die Kontrolle zu verlieren und fühlen sich verletzbar. Wenn man obendrein noch anfängt über mögliche Gefahrensituationen zu fantasieren, verstärkt dies die Angst«, sagt er.

Wenn wir Angst kriegen, schaltet sich die Amygdala ein – ein Areal in unserem Gehirn, das unser sympathisches Nervensystem in Bewegung setzt, welches wiederum Teil des autonomen Nervensystems ist, das wir mit unserem Willen nicht selbst steuern können. Es wird aktiviert, wenn wir uns in Gefahr befinden und der Körper in den Notfallmodus umschaltet, um Krisen, Kämpfe und allerhand anderes Unangenehmes zu bewältigen.

Außerdem wird dann das Hormon Adrenalin ausgeschüttet, was seinerseits eine Kettenreaktion auslöst: Die Atmung wird schneller, das Herz schlägt heftiger, man schwitzt und spannt die Muskeln an. Der Körper stellt sich auf Kämpfen oder Flüchten ein, außerdem können Horrorszenarien im Kopf durchgespielt werden.

Professor Hoffart selbst mag die Dunkelheit. Er schätzt an ihr, dass seine Gedanken, Bilder und Gefühle, und auch Körperempfindungen klarer wahrnehmbar werden. Er erfreut sich auch am Unsicheren und Beängstigenden der Nacht.

Trotzdem hat er sich die Mühe gemacht, eine Liste mit Ratschlägen für diejenigen zusammenzustellen, die mit dieser Angst kämpfen. Dabei geht es hauptsächlich darum, sich dem auszusetzen, wovor man sich fürchtet. Man soll sich ein Ziel setzen, wie allein aufs Außen-WC oder auf einem dunklen Weg spazieren zu gehen. Dafür kann es sinnvoll sein, beim ersten Versuch eine Begleitung dabeizuhaben, die einen, wie Hoffart rät, beim Einsetzen der Angst dazu ermuntert, weiterzumachen und die Angst auszuhalten, die eigenen Gedanken und Gefühle zu beobachten. Manchmal gehört dazu sogar, die Angst noch mehr zuzulassen, indem die Situation verschärft wird – man soll also seine Komfortzone erweitern. Er schließt die Empfehlungen ab, indem er fragt, ob es vielleicht sogar möglich ist, etwas Spannendes, Schönes im Dunkeln zu spüren oder zu erleben?

Na toll, da mache ich ja genau das, was er empfiehlt – mich der Dunkelheit aussetzen. Ich lasse sie zu, lasse Gefühle aufkommen, existiere und existiere in der Dunkelheit. Spannendes und Schönes spüre ich gerade jedoch nicht unbedingt, genauer genommen gar nicht. Ich beobachte wie besessen die Flammen, als loderten sie mit einer geheimen Macht, die mir helfen könne.

Feuer, Meeresleuchten und scheiß doch drauf

Die Ofenwärme tut mir gut, doch ich frage mich, warum ihre Wirkung so viel stärker scheint als die eines regulären Heizkörpers? Warum betrachte ich so gern die Flammen, und wie kann es sein, dass allein diese Flammen Grund genug für mich wären, den Weg hierher auf mich zu nehmen?

Die Geschichte des offenen Feuers geht bekanntermaßen enorm weit zurück, denn schon vor Millionen von Jahren machten sich unsere Vorfahren der Gattung Homo erectus das Feuer zunutze. In China wurden Überreste von Lagerfeuern gefunden, die mehr als 500 000 Jahre alt sein sollen. Damals hatte das Feuer einen anderen Stellenwert, denn man brauchte es, um Wildtiere vom Niederlassungsort fernzuhalten, Wärme beizubehalten, um zu kochen, Kleidung zu trocknen und sehen zu können. Bis heute bleibt offenes Feuer wichtig für gute Geschichten und Gespräche, und auch zu Hause wünschen wir uns diese Gemütlichkeit, denn fast alle neuen Einfamilienhäuser verfügen über einen eingebauten Kamin – diesen Luxus kenne ich in meiner Stadtwohnung nicht. Vermutlich ist das einer der Gründe dafür, warum ich hierherkomme und den Ofen so liebe. Die Flammen wirken tröstlich auf mich.

Im Augenblick brauche ich jedoch mehr Trost, also beruhige ich mich damit, dass ich morgen schon wieder zurück in die Stadt fahren könnte. Ja, das könnte ich, niemand zwingt mich hierzubleiben. Ich beruhige mich außerdem mit dem aufbauenderen Gedanken, dass die Natur selbstverständlich mehr zu bieten hat als Tageslicht. Man denke nur an Meeresleuchten, dieses bläuliche Lichtphänomen im Meer, das nur im Dunkeln und bei Wasserbewegung sichtbar wird. Kleine Planktonarten sammeln tagsüber Licht und geben es nachts wieder ab. Dann gibt es da noch Glühwürmchen und Blitze vor klarem oder tiefschwarzem Himmel, ganz zu schweigen von leuchtenden Pilzen, von denen bereits viele verschiedene Arten entdeckt wurden. Natürlich trösten mich auch Gedanken an Nordlichter, den Mond und Sterne, von deren Existenz ich weiß, auch wenn es jetzt gerade bewölkt ist. Sogar im Mariannengraben, fast 11 000 Meter unter der Meeresoberfläche im tiefsten Ozean, ist es nicht so dunkel, wie man annehmen könnte, denn dort leben Wesen, die von sich aus leuchten. Es gibt Pflanzen, Quallen und Fische, die ohne Zutun anderer Licht ins Dunkel strahlen.

Wie aufbauend sind diese Bilder für mich?

Nachdem ich die Haustür zugesperrt habe, sitze ich wieder in die Decke eingemummelt auf dem Sofa und häkle kleine rote und gelbe, orange und braune Granny Squares, aus denen ich irgendwann eine flauschige, große Decke machen werde. Dabei habe ich viel Zeit nachzudenken, phasenweise zu viel, zu wirr, dann überholen die Gedanken einander. Die enormen Gedanken und Fragen über das Universum und seine Dunkelheit, die Angst vor ihr, ob all dies eigentlich einem größeren Sinn unterliegt und – boom, zack – die winzigen, trivialen Gedanken und Fragen zu leuchtendem Plankton und Kachelöfen und ob ich hier drinnen vielleicht den Heizkörper anmachen sollte?

Dieses verdammte Gedankenkarussell, hach ... Unser viel zu denkfreudiges Gehirn wird wohl der Hauptgrund dafür sein, dass wir auf bestem Wege sind, unsere Umwelt und Natur, die Grundlage unserer Existenz, zu zerstören. Hier stoße ich sowohl auf die Wahrheit als auch ein Paradoxon, schließlich haben uns unsere Gedanken und klugen Entscheidungen an diesen Punkt gebracht, werden uns hoffentlich aber auch wieder retten können. Jedenfalls hilft mir Klimapessimismus momentan herzlich wenig.

Ich stehe kurz davor, mein einziges Ass im Ärmel ziehen zu müssen, das mir gegen die Nachtangst hilft. Mein Ass kann wohl als etwas brutaler als umständliche und stundenlange Meditationen gesehen werden, es verfolgt jedoch dasselbe Ziel: unkontrolliertes Gedankenchaos und Horrorszenarien abschalten und beruhigen, die Artillerie der eigenen Fantasie und Probleme, Lebensplanung, Erinnerung, Sorgen und Freuden, die sich immer wieder selbst befeuert, entwaffnen – und Ordnung ins Chaos bringen.

Meditationsübungen wirken durch Entspannung, sowohl durch körperliche als auch mentale, die extreme Vorteile bringen kann: Ruhe, bessere Konzentrationsfähigkeit, Klarheit und Einsicht und Verständnis der Welt und sich selbst gegenüber.

Mein brutaler Einschlaf-Trick ist nicht so ausgefeilt, mein Ass im Ärmel besteht aus nur drei Worten: »Scheiß doch drauf.« Genau, scheiß einfach drauf, denke ich mir. Wenn der Augenblick gekommen ist, in dem ich endgültig schlafen muss, egal wo oder neben wem, nutze ich mein Mantra: Scheiß doch drauf. Sobald ein neuer Gedanke sich anschleicht: Scheiß doch drauf. Es ist Nacht, du kannst jetzt ohnehin nichts tun bis morgen früh, das weißt du wohl, kleine Sigri, sage ich zu mir selbst.

Da schlafe ich ein. Ich schlafe jetzt ein. Ich schlafe tatsächlich ein. Dort auf dem Sofa, in der Wolldecke, vollkommen bekleidet. Kaum zu glauben.

Die Nacht und ihre Verbindung zur Dunkelheit

Das norwegische Meteorologische Institut definiert die Nacht als Zeitspanne zwischen Mitternacht, 0:00, und 6:00, und dem stimme ich gern zu, denn alle anderen Erläuterungen finde ich verwirrend. Die weitere gängige Definition, dass die Nacht die Zeit sei, in der ein Gebiet der Erde sich von der Sonne abwende, sodass es dort dunkel würde, erscheint mir irreführend. Das würde ja bedeuten, dass beispielsweise Spitzbergen von Anfang April bis Ende August keine Nächte erlebt, von November bis Februar keinen Tag sieht. Noch schlimmer erginge es da dem Nord- und dem Südpol, wo jeweils nur ein einziger Tag und eine einzige Nacht stattfände.

Trotz allem bleibt die Nacht mit der Dunkelheit eng verbunden, und ich konnte schlafen. So tief, dass ich mich nicht einmal an die abenteuerlichen Träume der intensivsten Tiefschlafphase zu Beginn der Nacht erinnern kann.

NACHT

Wir haben wieder diese Tageszeit
da der Himmel zur Hölle fährt

und die ganze Maschinerie knirscht
es stöhnt und heult
in Wänden und Decken

es ist kein Traum
jede dieser Stunden
tiefer als das Dunkel
und mit mir ist keinesfalls zu rechnen

Sonja Nyegaard

Mitten in der Nacht wache ich auf, ziehe mich aus, putze mir die Zähne und taumle ins Bett. Versuche weiterzuschlafen.

Schlaf jetzt verdammt noch mal ein

Nach der Geburt meines ersten Kindes ging ich zur Rückbildungsgymnastik, um unter anderem meine Beckenbodenmuskulatur wieder zu trainieren. Am klarsten erinnere ich mich noch an die Worte der Trainerin: »Wenn Sie jemals die Wahl zwischen Schlaf oder Sport haben, schlafen Sie!«, sagte sie lachend, und auch wir grinsten.

Aus einem Buch, das wir frischgebackene Mütter und Väter über Geburt und Wochenbett und all das andere Lebensverändernde lasen, begleiten mich fünf Worte, die ich wohl nie vergessen werde. Ein Paar, das mitten in der heftigsten Kleinkindelternschaft steckte, unterhielt sich – bestimmt spätabends – obwohl sie wussten, wie dringend sie den Schlaf brauchten, den sie nur jetzt kriegen konnten. Ihr Dialog wurde mit den folgenden Worten beendet, die ich immer wiederhole, wenn ich es brauche, so oft ich kann: »Schlaf jetzt verdammt noch mal ein.«

Das Verhältnis zu Schlaf hat sich nach meiner Mutterschaft grundlegend verändert, denn seit die Kinder da sind, ist es so, als könnte ich nie genug bekommen, selbst wenn sie inzwischen groß genug sind und mich nachts nur mehr sehr selten wecken.

Schlaf ist kostenlos, Medizin ohne Nebenwirkungen. Wir schlafen über ein Drittel unseres Lebens, denn wir sind so konstruiert, dass die Energie für ungefähr einen Tag reicht, dann müssen wir uns ausruhen. Manche nennen den Wachzustand eine Überbelastung für unser Gehirn, welches den Nachtschlaf benötigt, um die Anstrengungen des Tages auszugleichen. Normalerweise brauchen Erwachsene etwa sieben Stunden Ruhe in der Nacht, Kinder und ich brauchen mehr. So ist es eben.

Während wir schlafen, brauchen wir keine Nahrung, wir sparen Energie, unsere Körpertemperatur sinkt um ein bis eineinhalb Grad ab, der Puls verlangsamt sich und auch unser Herz schlägt etwas langsamer. Dabei beruhigt sich der Körper und hat die Gelegenheit, andere Aufgaben zu erledigen, wie die Reparatur von Gewebe und anderen kaputten Zellen, Gehirnzellen durchputzen und aufbauen, Erinnerungen abspeichern, Unwichtiges aussortieren, Abfallprodukte ausscheiden und die Blutgefäße in Form halten, damit wir eine arterielle Verkalkung verhindern können. Schlaf reguliert auch den Appetit und steigert den Grundumsatz von Zucker und Fett im Körper – dieses Wunderwerk Nachtschlaf haben wir also bitter nötig, um den Tag, die Arbeit, die Schule – schlichtweg das Leben – bestreiten zu können. Der Zusammenhang zwischen Schlafmangel, Stress und der

Arbeit unseres Immunsystems ist nämlich nicht von der Hand zu weisen.

Früher galt Schlaflosigkeit als Symptom eines anderen zugrundeliegenden Problems. Inzwischen sind sich die Forscherinnen und Forscher einig, dass bei fehlendem Nachtschlaf bereits eine eigene Erkrankung vorliegt oder eintreten kann. Wenn wir nicht genug Schlaf bekommen, werden wir empfänglicher für Krankheiten wie Typ II Diabetes, außerdem kann sich unser Gewicht erhöhen.

Nachtarbeit, die oft zu weniger Schlaf führt und den circadianen Rhythmus stört, wird mit einem höheren Risiko für Schlaganfälle, Herzinfarkte und manchen Formen von Krebs in Verbindung gebracht.

Außerdem merken wir uns weniger, konzentrieren uns schlechter und es ist mit mehr Anstrengung verbunden, komplizierte Aufgaben auszuführen, wenn wir nicht genug schlafen. Von der schlechteren Stimmung ganz zu schweigen.

Schon nach sechs Tagen mit nur vier Stunden Schlaf pro Nacht wiesen Versuchspersonen eine komplett andere Hormonzusammensetzung in ihrem Körper auf: Ihre Hormonwerte glichen denen von sehr alten Menschen – und solchen, die unter Depressionen leiden.

Traurig, aber wahr: Fehlt einem der Schlaf, kann man mit zahlreichen weiteren Problemen rechnen, sowohl körperlicher als auch geistiger Natur.

Ein Bericht aus dem Jahr 2009 besagt, dass dreißig Prozent von uns gelegentlich unter Schlafstörungen leiden, zehn Prozent werden ständig von ihnen heimgesucht,

Tendenz steigend. Vier Jahre später wurde die Studie wiederholt, und es zeigte sich, dass Jugendliche zwischen sechzehn und neunzehn Jahren viel länger als in der früheren Umfrage brauchten, um einzuschlafen und dass sie im Schnitt zwei Stunden kürzer schliefen, als sie laut Selbsteinschätzung benötigen würden. Unter der Woche gaben sie an, nur etwas mehr als sechs Stunden pro Nacht zu ruhen. Ärztinnen und Ärzte verschreiben immer mehr Schlafmittel, und in den Einleitungen zu norwegischen medizinischen Studien liest man oft, Schlafprobleme seien zum Volksgesundheitsproblem avanciert, andere gehen so weit, Schlaflosigkeit eine Pandemie zu nennen. In Australien stieg der Anteil der Bevölkerung, der über Schlafprobleme klagt auf zwischen fünfunddreißig und fünfundvierzig Prozent an und eine Studie zeigte, dass die Gegenmaßnahmen die australische Gesellschaft über 28 Millionen Euro jährlich kosten.

Woher kommt diese Schlaflosigkeit, wieso ruhen wir uns nicht einfach aus? Insomnie kann natürlich viele Ursachen haben, doch ich frage mich, welche Rolle all das künstliche Licht dabei spielt.

Ich versuche einzuschlafen. Mein Handy blinkt und leuchtet, ich sollte es komplett ausschalten. Ich schließe meine Augen.

Der lange, tiefe Winterschlaf

Als ich das zweite Mal schwanger war, war es Herbst und mir war so übel, dass ich mich am liebsten in einer dunklen Höhle versteckt hätte, wie es trächtige Eisbärinnen tun, die den ganzen Winter über Winterschlaf halten und erst aus der Höhle kriechen, wenn die Kinder zur Welt kommen sollen und das Licht den Frühling erhellt.

Im Winter halten über neunzig Prozent der Wildtiere in Norwegen Winterschlaf, Winterruhe oder fallen in Winterstarre. Dies gilt für alle, die nicht gen Süden in Licht und Wärme ziehen oder auf andere Weise mit der Kälte zurechtkommen. Diese Winterbewältigung brauchen Tiere, um mit der Kälte, der Dunkelheit und dem spärlichen Zugang zu Nahrung und Wasser fertigzuwerden. Generell vermeiden sie, indem sie ihren Energieverbrauch drosseln, all das Unangenehme, das für kleine und verletzliche Lebewesen viel Stress bedeuten würde.

Zwischen Tiefschlaf und Winterschlaf liegt nur ein schmaler Grat. Je tiefer der Winterschlaf ist, desto weniger arbeitet der Stoffwechsel und desto tiefer fällt die Körpertemperatur – desto langsamer schlägt das Herz. Echte Winterschläfer können ihre Körpertemperatur auf zwei Grad senken, ihr Herz schlägt nur zwei Mal in der Minute, und ihr Stoffwechsel arbeitet fast gar nicht mehr, so dass der Winterschlaf bis zu sieben Monate andauern kann.

Dafür braucht es natürlich ein warmes und gemütliches Plätzchen, an dem man sich gut und sicher ausruhen kann. Der Zitronenschmetterling findet sich zum Beispiel in kleinen Astlöchern und Rissen in Baumstämmen ein Zuhause im Winter, denn er gehört zu einer der seltenen Schmetterlingsarten, die im Herbst voll entwickelt sind und als lebensfähige Individuen überwintern.

Die Kreuzotter rottet sich am liebsten mit Artgenossen unter Wurzeln oder zwischen Steinen und Geröll zusammen, denn gemeinsam ist es leichter, die Körperwärme zu halten. Wird das Wetter jedoch beispielsweise im Januar schlagartig milder, kann es sein, dass die Kreuzottern aus ihren Verstecken kriechen und bei plötzlichem Kälteeinbruch keine Überlebenschance mehr haben, denn sie vertragen maximal eine halbe Stunde Kälte, dann ist für sie game over.

Fledermäuse hängen kopfüber in alten Verschlägen oder Grotten, verbringen dort schlummernd den ganzen Winter, ihre Körpertemperatur fällt bis zum Gefrierpunkt, bleibt jedoch genau so hoch, dass die Fledermaus im tiefsten Winter nicht erfriert.

Bärinnen brauchen eine sichere Höhle, um ihren Tiefschlaf abzuhalten, während Bären sich auch an einem Kiefernstamm mit einigen festen Zweigen als Schutz wohl fühlen. Ihre Cousins im Norden, die Eisbären, sind hingegen Raubtiere, die auch im Winter Zugang zu Nahrung haben und darum keine Winterruhe brauchen. Das Eisbärenmännchen wandert also den ganzen Polarwinter lang auf der Suche nach Futter herum, während das Eisbärenweibchen den dunklen Winter in einer Höhle verbringt, bis es in der Übergangszeit zwischen Februar und März herauskommt, wenn das Licht wiederkehrt. Sie kriecht mit ein paar Jungen hervor, die sie den ganzen Winter lang gestillt und gepflegt hat. Eisbärenbabys wiegen nur etwa ein halbes Kilo und sind völlig nackt, wenn sie geboren werden, weswegen ihr Muttertier ihnen monatelang Matratze und Bettdecke war.

Diese Informationen erhielt ich vom Zoologen Petter Bøckman, den ich daraufhin fragte: »Täte so ein Winterschlaf auch uns Menschen gut?«

»Wir sind subtropische Tagtiere mit gleichmäßigem Zugang zu Nahrung am Tag, für uns ist es also passend nachts zu schlafen, wenn auch unsere Körpertemperatur sinkt. Die Dunkelheit bringt uns dazu zu glauben, dass wir im Winter mehr Schlaf benötigen, doch dem ist nicht so.«

Ich überlege, wie viele Zitronenfalter im Frühling überhaupt aus dem Winterschlaf erwachen. Der Mensch hat viele der größten Tierarten bereits ausgerottet, wir beeinflussen die Erde mehr denn je und stehen kurz davor, auch die kleinsten loszuwerden.

Ich versuche zu schlafen. Ich versuche, auf alles zu scheißen, auch auf die Insekten. Nicht immer gleich einfach … Nur noch ein Blick auf das Telefon. Ich weiß, wie ich mein Handy in den Nachtmodus versetzen kann, damit der Bildschirm weicheres, gelberes, weniger blaues Licht abgibt. Das soll helfen, um nicht vom Leuchten aufzuwachen, doch am besten wäre es, es ganz auszuschalten, das ist mir schon klar. Ich reiße mich also zusammen, drücke den Off-Knopf und gehe aufs WC.

Christiane

Auch Christiane und ihre Männer gehen beinahe in Winterschlaf, in der dunkelsten Zeit nach Weihnachten, kurz vor Januarbeginn. In dieser Phase steigt die Ungemütlichkeit draußen ins Unermessliche, alles ist tot und ihre Hütte in Stille und Finsternis gehüllt.

»Mich dünkt, es käme jetzt erst richtig die Nacht, und langsam will mich aller Mut verlassen. Vielleicht kommt die Sonne überhaupt nicht mehr wieder. Vielleicht ist es finster auf der ganzen Welt.« Sie schreibt, diese Tage vergingen ohne Erlebnisse, echte Arbeit und befreiende Wirklichkeitsperspektiven. In den Nächten gehen sie zu Bett, weder müde noch wach, schlichtweg umgeben von intensiver Dunkelheit und Stille. Mitten in diesem physischen Winterschlaf beginnt dann der Geist seine eigenen Wege zu gehen.

Frühmorgens hört sie die Kaffeemühle mahlen, deren Klang sie aus ihrem Winterversteck lockt, aber sie ist sich noch nicht sicher, ob es sich dabei um eine Befreiung oder Störung handelt. Zumindest kommt sie langsam zu sich und erkennt, dass ein neuer Tag begonnen hat.

TAG 2

Dienstag

In der Dunkelheit des Dienstages erwache ich und stelle fest, dass ich wohl doch irgendwann eingeschlafen sein muss. Tatsächlich fühlt es sich sogar so an, als hätte ich lang geschlafen. Ich habe keine Ahnung, wie spät es ist, denn unerklärlicherweise wirkt die Dunkelheit des Morgens sanfter als die des Abends. Warum ich das so empfinde, kann ich mir nur zusammenreimen, vielleicht ist es das Ausgeschlafensein oder die Möglichkeit, draußen etwas zu unternehmen, jedenfalls bin ich weder müde noch habe ich Angst. Ich entscheide, noch einen Tag hierzubleiben, mindestens einen Tag, denn die Furcht hatte hier oben jetzt genug Raum, ab jetzt werde ich mich zusammenreißen.

Weil noch Glut im Ofen glimmt, lässt sich das Feuer leicht neu entzünden.

Då eg vakna i dag, var rutone attfrosne,
men eg glødde av ein god draum.
Og omnen slo varme ut i romet
frå ein kubbe han hadde godna seg med um natti.

Olav H. Hauge

Jetzt bin ich für all das bereit, was der Tag bringen mag. Na ja, fast alles, denn meine Stimmung schwankt ganz schön. Als die angenehme Wärme sich aus dem Ofen im Raum ausbreitet, frühstücke ich Knäckebrot und Fischpaste, koche mir Kaffee und schaue raus in die schwarzweiße Landschaft. Nichts versperrt mir die Aussicht, also sehe ich ganz klar: einen zugefrorenen See, Steine, Schnee, den Gletscher Hardangerjøkulen und grauen Himmel mit nach Osten ziehenden Wolken, nicht schnell, nicht langsam, in idealem Tempo.

Über die Landschaft verstreut stehen um die Hütte herum weitere kleine Hütten, die noch vor dem Baustopp in den 1970er-Jahren errichtet worden waren. Ich bin froh, dass die Regeln, wie viel und wie hoch hier gebaut werden darf, recht streng sind. Deshalb gibt es hier eben keine Wasserleitungen in den Hütten und auch pompöse Waldvillen sucht man vergebens. Außerdem haben wir gerade nicht Wochenende oder Nebensaison, also sind außer mir keine Leute hier, keine einzige Skispur im Schnee zu finden. Bedeckt, leichter Wind, ein paar Grad minus. Ich esse auf, ziehe Skischuhe, eine Skihose plus -jacke, eine

Mütze, einen Fleecekragen und Fäustlinge an und stapfe frohen, neugewonnenen Mutes in den Tag hinein.

Christiane

Als Christiane auf dem Schiff Richtung Norden war, gab ein Passagier ihr einen gutgemeinten Ratschlag für den Polarwinter: »Jeder Tag ein Spasiertür, auch in Winternat und Stormen, das ist so wichtig wie Essen und Trinken. Niemals bedenklich, ich meine: niemals sorgenvoll sein! Dann geht es so schön.« Den Rat mit dem Spaziergang befolgt sie, auch wenn ihre Bewegungen bei extrem schlechtem Wetter eher Kriechen als Gehen ähneln. Meistens bestreitet sie ihre Ausflüge Richtung Süden ins Innere des Fjordes allein und wählt diese Richtung, weil dort die Sonne verschwunden war und sich erst in vier Monaten wieder zeigen würde.

Wir brauchen Tageslicht

Bewegung ist die beste Medizin, empfehlen uns Wissenschaft, Krankenkassen und weitere Expertinnen und Experten, darum sollen wir zwei bis drei Mal die Woche schnell gehen. Der größte Effekt zeigt sich, wenn man sich vorher gar nicht bewegt hat und sich dann auf moderate Bewegung steigert. Die bekannteren und immer deutlicher belegten Auswirkungen von Bewegung im Alltag zähle ich nur schnell auf, denn wir kennen sie alle: Man wird zufriedener, gesünder, das Gedächtnis verbessert sich ebenso wie der Schlaf, die Merkfähigkeit, die Verdauung und das Immunsystem im Allgemeinen. Manche Menschen berichten, beim Gehen ihre klügsten Einfälle zu haben, andere spüren dabei, wie ihnen etwas wie Schuppen von den Augen fällt. Leute heilen mit Schritten ihre Depressionen, Dämonen, ich gehe oft, um meinem eigenen Jammern zu entgehen. Ich merke außerdem, dass es der Welt und meinem Alltag eine deutlichere Verbindung schenkt, und ganz nebenbei braucht es mein Körper einfach.

Eigentlich bekomme ich dabei ja auch Tageslicht ab …

Licht und Dunkelheit prägen unseren Tagesrhythmus immens, so ist es seit Anbeginn der Zeiten, seit die Erde sich um ihre eigene Achse und die Sonne zu drehen begann. Seitdem passen sich alle Lebewesen diesem Rhythmus, dem Licht und den Jahreszeiten an, auch wir Menschen leben mit dem sogenannten circadianen Rhythmus, weswegen wir sowohl Tag als auch Nacht, Licht als auch Dunkelheit, Aktivität und Ruhe brauchen. Da wir subtropische Tagtiere sind, sind wir nicht für den immerhellen Sommer und schon gar nicht für den ständigdunklen Winter gemacht. Auch im Sommer benötigen wir ein bisschen Finsternis und im Winter ein wenig Licht. Die Sonne stellt mit ihrer Wärme und Strahlkraft immerhin die Grundlage für alles Leben auf der Erde bereit, sie ist fünf Milliarden Jahre alt und wird es mit dem Brennstoff in ihrem Besitz glücklicherweise auch noch einmal so lang schaffen, uns Licht und Wärme zu schenken.

Tageslicht wird einerseits als direktes Sonnenlicht und andererseits als Streulicht vom Himmel und als Licht, das von Wolken und Landschaft reflektiert wird, definiert. Wenn das Licht auf die Netzhaut trifft, werden die dafür konditionierten Nervenzellen aktiviert und senden dem Gehirn Signale, was wiederum die Produktion aufputschender Stoffe, wie das Hormon Kortisol, stimuliert.

Tageslicht liefert uns außerdem Vitamin D, ist dafür sogar eine recht ertragreiche Quelle. Das richtige Maß an Licht ist also ausschlaggebend für unser Wohlbefinden, denn zu wenig davon kann zu Stimmungsschwankungen, Depressionen, Kraftlosigkeit, Schlafproblemen und mangelnder Impulskontrolle führen.

Wissenschaftlerinnen und Wissenschaftler meinen, man sollte die eigene Küche am besten nach Osten ausrichten, um zum Frühstück Tageslicht servieren zu können. Dann gibt es da noch Jalousien, die Schlafenden Licht ins Bett leiten können, indem sie so eingestellt werden, dass sie Morgensonne und Vogelgesang in den Raum lassen. Auch Tageslichtlampen für den Einsatz am Schreibtisch haben sich in Dunkelzeiten bewährt.

Trotz der strahlenden und hellen Sommer zeigten Studien, dass es in Skandinavien viel weniger direkte Sonneneinstrahlung gibt als entlang anderer Breitengrade. Das kommt sowohl von der häufig über dem Land schwebenden Wolkendecke, denn ein bisschen bewölkt ist es doch fast immer, als auch davon, dass die Sonne tief am Himmel steht – nur zwischen 0 und 10 Grad über dem

Horizont und das zu insgesamt 35% der Zeit innerhalb eines Jahres.

Dies deutet darauf hin, dass direktes Sonnenlicht mehr als ein Drittel des Jahres schwer erlebbar ist, denn wenn man hinter einem Hügel oder in einer Stadt mit hohen Gebäuden wohnt, können die Strahlen auch zu tief verlaufen, um einen überhaupt zu erreichen. Um Skandinavien mit Spanien zu vergleichen: In Madrid findet man eine so tief stehende Sonne nur zehn Prozent des Jahres.

Außerdem bauen wir Städte heutzutage auf eine andere Weise, denn früher wurde miteinberechnet, dass Tageslicht in die Bauten kommen sollte, schließlich gab es keinen Strom, und als er verfügbar war, war er teuer und nicht flächendeckend nutzbar.

Aber mit natürlichem Tageslicht ist es wie mit vielem anderen im Leben: Die Dosis macht das Gift, auch eine Überdosierung ist ungesund und kann zu Sonnenbrand, Hautkrebs, Schneeblindheit, ja sogar zu psychischen Ausnahmezuständen führen.

Das große, weiße Licht

Es gibt Geschichten über verrückt gewordene Menschen auf Spitzbergen, jedoch ereilte sie der Wahnsinn nicht in der Zeit der Dunkelheit, sondern als das Licht im Frühjahr zurückkam und den ganzen Sommer über blieb. Bereits ab dem 19. April tummelt sich die Mitternachtssonne in Longyearbyen rund um die Uhr am Himmel.

Anfangs mag es ganz schön sein, wenn sie fast auf der Meeresoberfläche schwimmt und Wolken und Himmel in Pink und Lila taucht, mit der Zeit jedoch, vor allem im Sommer, verkommt sie zu einer weißen Kugel, die dort oben alle Farben auslöscht, indem sie alles überstrahlt.

Geschichten aus Nordnorwegen zur Kriegszeit berichten, dass Deutsche am ehesten im Frühling und Sommer nach Hause geschickt wurden, im großen, weißen Licht.

Einer der ersten Tricks, die ich im Norden lernte, war: Spülmittel an die Fensterscheiben schmieren, um Alufolie daran festkleben zu können, damit Dunkelheit reinkäme, die das ewige Sonnenlicht aussperrt. Anders konnte ich schlicht und ergreifend nicht schlafen.

In einem solch ewigen Licht oder der tristen Winterdunkelheit kann unser Rhythmus aus der Bahn geraten, wie es die lang vergebene Diagnose *seasonal affective disorder,* zu der die *saisonabhängige Depression* gehört, beschreibt. Jüngere Forschungsergebnisse zeichnen ein komplexeres Bild, in dem den »Lichterfahrungen« jedes einzelnen Menschen mehr Relevanz beigemessen wird. Der Grundsatz, dass wir alle Licht und Dunkelheit zum Funktionieren brauchen, am besten in angemessenen Dosen, gilt jedoch weiterhin. Doch wie viel ist genug, und wie spielt künstliches Licht in diese Rechnung mit rein?

Christiane

Christiane bringt die Wäsche zum Bach, um sie dort zu reinigen. An den Füßen Skier, in der einen Hand einen Stock, in der anderen einen Eimer. Langsam zieht es sie in den Herbst, die Finsternis hinein. »Diese tiefe Stille liegt bedrückend über allem in der Natur, der Schnee auf dem Feld dämpft jeden Ton. (…) Die Welt liegt in tiefem Dämmerschlaf, aus dem sie sich nicht mehr erheben kann.«

Unsicheres Eis und eine traurige sturmfreie Bude

Ich schnalle meine Skier an und gleite zum schnee- und eisbedeckten See. Alle Bäche hier sind jetzt zugefroren, normalerweise bohren wir kleine Löcher in das Eis, um im Winter Wasser zu holen, aber vor Weihnachten ist es mir dafür zu früh, das Eis zu unsicher. Ich schlage mit dem Stock aufs Eis, wage mich jedoch nicht darauf.

Eis auf Seen ist unberechenbar, und es gibt viel zu beachten, z.B. ein- und ausmündende Bäche kontrollieren, auf Neuschnee auf dem Eis achten, auf Ufer, Piers und enge Sunde aufpassen, Inseln, Landzungen und Pflanzen und Bäume, die durch das Eis wachsen, im Blick behalten und natürlich Steine nicht übersehen.

Auch beim Spazierengehen gibt es einiges zu beachten. Schwingen, Knarren, Risse und Oberflächenwasser können Anzeichen von unsicherem Eis sein und auch milchig weißes Eis mit dunkleren Flecken sollte man meiden.

Vor ein paar Jahren nahmen eine Freundin und ich im Dezember unsere Langlaufskier über den Finsevatn-See. Wir befanden uns am Weg zum Bahnhof und nutzten die Loipen, die von anderen vorgezeichnet waren. Wir tratschten bis – mitten zwischen zwei Wörtern in einem Satz, mitten zwischen Schneeflocken und unserem Lachen im Wind, mitten am Tag, mitten am Eis, auf halbem Weg zwischen der Hütte und dem Bahnhof, bei minus vier Grad und Wind – ganz plötzlich mein Ski einbrach.

Ich bekam es gar nicht so schnell mit, schon war auch mein zweiter Ski unter Wasser. Ich spürte den Boden unter mir nicht mehr, hievte mich an der Bruchkante hoch und ruderte wild mit den Skiern unter Wasser.

Denk klar, denk klar. Ich hatte schon über Eiswanderungen gelesen und geschrieben, kannte die Theorie und wusste, dass ich nur wenige Minuten hatte, bis mein Körper nachlassen würde. Ich wusste, ich durfte nicht in Panik geraten.

Das Alarmsystem meines Körpers schaltete sich mit einem Mal ein, schließlich hatte ich Todesangst – kämpfen oder flüchten, Sofort spürte ich surreale Kräfte und enorme Klarheit in mir aufsteigen.

Meine Freundin legte sich hin und streckte mir ihren Skistock entgegen. Die Bruchkante des Eises war überraschend solide, sodass ich es schaffte aufzustehen, selbst mit Langlaufskiern an den Füßen. Ich triefte vor Nässe, von den Zehen bis zum Hals.

Zusammen liefen wir knapp einen Kilometer zur Hütte zurück, wo wir uns aufwärmten und aussprachen.

Danach las ich viel über das Thema und führte einige Gespräche, weswegen ich heute der Ansicht bin, dass unter dem Neuschnee gar kein Eis gelegen hatte. Vermutlich lag dort ein größerer Stein oder durch die Windverhältnisse hatte sich dort nie Eis gebildet. Vielleicht war der See auch zu sehr reguliert worden, sodass sich an dieser Stelle keine Eisdecke bilden konnte? Jedenfalls fragte ich mich, wie man sich auf den Schock vorbereiten kann, den man erlebt, wenn man einbricht.

Man könne sich nicht darauf vorbereiten, sagen die Experten und Expertinnen. Trotzdem hilft es, unter kontrollierten Bedingungen in eisiges Wasser zu hüpfen, um bestimmte Übungen zu automatisieren, in der Hoffnung, dass der Körper die Erfahrung im Ernstfall abrufen kann. Außerdem finde ich es tröstlich zu wissen, dass es auch wirklich gut ausgehen kann und selbst, wenn man unter die Eisdecke rutscht und das Loch nicht mehr findet, es trotzdem viel Licht dort unten gibt – das Eis ist hell, also muss man den dunkelsten Punkt suchen, der die Rettung bedeuten kann.

Hier breche ich eine Lanze dafür, die Natur nicht zu romantisieren, ihr nicht so uneingeschränkt positive Eigenschaften zuzusprechen, dass man vergisst, sich auf Ernstfälle vorzubereiten. Es bleibt unerlässlich, die Wettervorhersagen und Verhaltensregeln am Berg zu kennen, sich Tipps zu holen und das Wichtigste beim Losgehen zu beherzigen: die eigenen Grenzen nicht zu überschreiten.

So erhebende Gefühle die Natur auch in uns auslösen kann, sosehr wir sie beseelen, zähmen, überwinden und mit ihr verschmelzen wollen, Berge, Fjorde, Wälder, Meere und Hochebenen kennen, es bleibt immer die Wildnis. Ihr ist egal, ob man sie gut oder schlecht behandelt, wie man aussieht, ob man sich vernünftig verhält; die Natur beurteilt niemanden, schenkt keine Likes, Herzchen oder GIFs. Genau dieses Nichtgesehenwerden kann sich wahrhaft wunderbar anfühlen, aber trotz dieser Gleichgültigkeit bestraft sie die, die sich unvorbereitet in ihr bewegen. Ich selbst habe mir schon schlimmere Fauxpas geleistet, als im Eis einzubrechen.

Ich habe zum Beispiel schon als Kind versucht, mich mit damit abzuhärten, allein daheim zu bleiben.

In der Hütte in Finse klebt ein Foto von meiner Mutter und mir im Album, auf dem ich ungefähr fünf oder sechs Jahre alt sein muss. Darüber steht geschrieben: »Sturmfrei und traurig.« Meine Mutter hat mir diese Geschichte schon so oft erzählt, und nun erzähle ich sie meinen eigenen Kindern. Sie handelt von dem Tag, an dem ich allein zu Hause bleiben wollte, als meine Eltern mit meinem jüngeren Bruder zum Bahnhof gingen. Das Wetter war ideal, ich hatte Bananen gegen den ärgsten Hunger und Wasser gegen den Durst.

Ich freute mich unheimlich darauf, allein zu sein und weiß noch, dass ich dachte, bald von zu Hause auszuziehen zu können, wenn das hier gutginge, denn das würde ich schon hinkriegen. Na ja, mein Gedankengang war ein ähnlicher, als ich lernte, Brot zu schneiden: »Ich bin bereit, ich kann's schon selbst. Kein Problem, so schwierig kann's ja nicht sein.«

Irgendwann schlug die Stimmung jedoch um, wann genau, kann ich nicht mehr wirklich sagen. Meine Mutter sagte, ich hätte Angst gehabt zu verhungern, dass sie nie mehr zurückkäme, eigentlich Angst vor allem, vor allem aber davor, dort mutterseelenallein zu sterben. Also zog ich mich an, den linken und den rechten Schuh vertauscht, das Innere der Mütze nach außen, und lief los – weinend, einsam, allein Richtung Bahnhof. Es schneite, jedoch habe ich keine Erinnerung daran, ob ich Skier anschnallte. Ich werde meine Mutter beizeiten fragen …

Das Bedürfnis des Herdentieres nach Zeit für sich

Und jetzt bin ich doch allein hier, obgleich besser vorbereitet und mit dem Wissen, dass ich die Einsamkeit brauche. Im Laufe der Jahre wurde ich sensibler was Menschenmassen, Lärm und unterschiedliche Stimmungen betrifft. Ich brauche meine Ruhe.

Manche meinen, das Rausgehen und Sich-der-Natur-Zuwenden sei der Rückzug von dem, was wichtig ist – ein Weglaufen. Ich verfechte, dass genau das Gegenteil der Fall ist: Die Natur zu suchen und ihr Aufmerksamkeit zu schenken, wirkt wie ein Nachhausekommen und Sich-auseinandersetzen. Zu und mit dem, wovon wir ein wichtiger Teil sind und worüber wir wirklich sprechen müssten – eine Auseinandersetzung mit unserer Erde, um überhaupt eine Chance zu haben, falls man das so sagen kann. Kann man das so sagen?

»Für Pessimismus ist es jetzt zu spät«, meint die norwegische Outdoor-Legende Nils Faarlund.

Ich brauche auf jeden Fall Abstand vom Lärm und der Geschäftigkeit, will allein sein, Frischluft und Raum haben, um aus der Dunkelheit hinauszufinden.

An sich sind wir Menschen ja Herdentiere, was ich spüre, wenn ich daran denke, wie sehr mir meine Lieben am Herzen liegen. Darin entdecke ich natürlich eine augenscheinliche Ambivalenz, denn wir wollen einerseits allein sein und brauchen unser Sozialleben andererseits dringend, denn sie begleiten uns, ob wir uns nun am selben Ort befinden oder nicht – in Gedanken und Erinnerung sind sie bei uns. Gerade in diesen Zeiten, in denen Wildnis an sich kaum mehr existiert und die Technologie Nachrichten, Schnappschüsse und Benachrichtigungen regnen lässt, weil Satelliten uns perfekte Verbindung versprechen, wo auch immer – sind wir da jemals wirklich allein?

Na ja, im Augenblick geht's mir tatsächlich gut: Ich habe meine Ruhe und keinen Hunger, mir ist warm, und ich freue mich über das immer noch strahlende Tageslicht. Außerdem kann man sich auf die Internetverbindung hier nicht wirklich verlassen, also werde ich kaum von medialen Ablenkungen gestört.

Meinen morgendlichen Ausflug habe ich hinter mich gebracht, jedoch konnte ich aufgrund des unsicheren Eises kein Wasser beschaffen. Vor der Hüttentür fülle ich

Schnee in Eimer, um ihn in der großen Pfanne am Herd zu schmelzen. Heute bin ich noch keiner Menschenseele begegnet, habe nur kurz gelesen und geschrieben, ein paar Fischfrikadellen mit Gemüse aufgewärmt, hier und da aufgeräumt und mit dem alten Plattenspieler Musik gehört, doch von dem, was ich mir vorgenommen hatte, habe ich einen Dreck geschafft – sehr ärgerlich.

Es fühlt sich so an, als hätte sich auch der zweite Tag hier oben einfach aus dem Staub gemacht und sein Licht gleich wieder mitgenommen. Viel zu schnell. Gleich kehrt die Dunkelheit zurück. Ich sitze an derselben Stelle wie gestern. Auf dem Sofa, in die Decke eingemummelt. Heize den Ofen, häkle meine Granny Squares und lasse es über mich ergehen.

Noch ist es draußen erst blau-grau, ich gehe also raus und beobachte beim Pinkeln, dass vor einer der Nachbarshütten eine Außenlampe brennt, auch wenn die Nachbarn nicht da sind. Auf der einen Seite schenkt mir das eine eigenartige Geborgenheit, auf der anderen Seite finde ich es bedenklich. Um ehrlich zu sein geht es mir sogar auf die Nerven, denn dagegen gibt es noch nicht einmal ein Gesetz – noch nicht.

Ich bin gespannt, ob die Angst kommt und überlege, eine Kerze anzuzünden, aber warte noch ein wenig.

Künstliches Licht

Zuerst entzündeten Menschen Lagerfeuer und Fackeln, bis sie vor zehntausend Jahren begannen, Öl in Gefäßen zu verbrennen. Im Laufe der Jahre wurden dafür tierische Fette und Pflanzenöle sowie Erdöl als Brennstoffe verwendet. Die Öllampe war die Hauptquelle künstlichen Lichts, bis die Wissenschaft Elektrizität hervorbrachte. Nach dem Versuch, Gas als Lichtquelle auszunutzen, wurden Lampen größtenteils mit Strom betrieben. Um 1850 wurde die erste Lampe entwickelt, die Kohlebogenlampe, die recht helles Licht warf und eher als Außenbeleuchtung genutzt wurde. Als Nächstes kam die Kohlefadenlampe, die Einzug in den Allgemeingebrauch hielt.

Der berühmte amerikanische Erfinder Thomas Alva Edison erfand mithilfe der Forschung seines späteren Kollegen Joseph Swan dann die Glühbirne, die über eine längere Lebensdauer verfügte und beschäftigte sich auch damit, wie der dafür benötigte Strom in die Haushalte kommen konnte.

In Norwegen gilt Skien mit 1885 als die erste Stadt mit elektrischem Licht für Zuhause, Hammerfest hatte sogar als erste Stadt weltweit Straßenbeleuchtung auf Strombasis nach einem Brand 1889. Mit direkt nach innen verlegtem Strom bereits 1910 kann man das Krankenhaus Valen in Sunnhordland in Westnorwegen als Vorreiter bezeichnen, denn davor genoss man in öffentlichen Gebäuden nur im Königlichen Schloss und einer Kirche in Oslo dieses Privileg.

Erst 1950 gab es in den meisten norwegischen Haushalten elektrisches Licht. Was für eine Riesensache das wohl für die Menschen des Landes der ewigen Winter gewesen sein muss, schließlich ist es das Thema schlechthin, dass man im Norden zu wenig Licht abbekommt.

Die Einführung der Glühbirne verringerte unseren Gesamtschlaf trotzdem um durchschnittlich eineinhalb Stunden. 2012 wurden solche Lampen in der EU verboten und durch viel energieeffizientere LED-Technologien ausgetauscht, was zur Folge hatte, dass Sparsamkeit out und Licht überall, 24 Stunden am Tag, das ganze Jahr über, in ist. Draußen wie drinnen. Noch nie wurde in Norwegen so viel Strom verbraucht wie 2017 – gleichzeitig steigen die Beschwerden über Schlaflosigkeit an.

Lichtverschmutzung und Himmelskörper

Rund um Longyearbyen könnte ich während der Dunkelzeit Tag und Nacht ohne Stirnlampe die nächstgelegenen Berggipfel erklimmen, so hell erleuchtet ist die Stadt und ihre Umgebung von den extrem leuchtenden Straßenlaternen. In meinem Wohnblock in Oslo wird es nie ganz dunkel, egal zu welcher Jahreszeit, was nicht unbedingt förderlich ist, denn sobald ich die Kinder von ihren Bildschirmen weggezerrt habe, verschwinden sie auf den Balkon – dort schlafen sie ausgesprochen gern. Warum? Auch wenn es nie ganz dunkel ist, auch wenn wir die Milchstraße nicht sehen können, lassen sich einige Sterne erahnen. Beim Einschlafen sehen wir den großen Wagen über dem Nachbarshaus, und nach unserem Ältesten haben wir sogar einen Stern benannt. Jeden Morgen beobachte ich sie mit ihren roten Backen und ihren Müslischüsseln, nachdem sie tief und fest trotz Stadtlärm, Hundegebell und einer Party im Nachbarshaus, durchgeschlafen haben. Seit letztem Jahr strahlen fast schon flutlichtartige Beleuchtungen von anderen Balkonen zu uns, weswegen die Sterne für uns immer schwächer sichtbar werden. Je mehr ich mich damit beschäftige, desto mehr Unbehagen spüre ich in meinem Mutterherzen.

Es gibt nur wenige Orte auf der Welt, die noch nicht durch künstliches Licht verunreinigt wurden. Ein von der NASA aufgenommenes Bild zeigt, dass die Lichtverschmutzung in den letzten zwanzig Jahren dramatisch zugenommen haben muss. Lichtverschmutzung wird als *unerwünschtes oder überflüssiges künstliches Licht* definiert, und Wissenschaftlerinnen und Wissenschaftler entdecken inzwischen immer mehr Bereiche, in denen dieses Licht Schaden anrichten kann.

In Norwegen sind fast alle Arten von Verschmutzung geregelt: sowohl Geruchs- als auch Lärmverschmutzung, was in Meere, Süßwasser und den Boden abgegeben werden darf. Licht ist gemäß Immissionsschutzgesetz §6 Abs. 3 nur als Verschmutzung anzusehen, »wenn die Verschmutzungskommission dies bescheidet«. Seit Inkrafttreten des Gesetzes im Jahr 1981 wurde keine einzige Aktion sanktioniert, berichtet der norwegische Anwalt Erling Fjeldaas. Seine Reaktionen darauf, dass alle mit künstlichem Licht munter drauflosverschmutzen können, wie sie wollen, fallen heftig aus. In seiner preisgekrönten Masterarbeit beschäftigt er sich mit der norwegischen Gesetzgebung in diesem Bereich und findet es sowohl erschreckend, wie wenige Vorschriften es eigentlich gibt, als auch bestürzend, wie selten Menschen, die sich über störendes Licht beschwert haben, Unterstützung und Recht zugesprochen bekommen. Im Baurecht und der Bauordnung existieren beispielsweise gar keine Vorgaben darüber, inwiefern Licht, das nach außen strahlt, eingesetzt werden darf. Viele Kommunen und Gemeinden missverstehen dies dahingehend, dass Ansuchen für das Aufstellen von Straßenbeleuchtung nicht notwendig sind.

Als in Rjukan drei riesige Flutlichter aufgestellt wurden, die einen Berghang beleuchten sollten, beschwerte sich eine Anrainerin, dass davon indirekt Licht auf ihr Grundstück geworfen werde. Sie beschreibt diesen Eingriff als »mentalen Übergriff«, sowohl als Maßnahme an sich, als auch weil sie in das Projekt nicht eingebunden war, obwohl es ihr Leben und ihre psychische Gesundheit so stark beeinflusst. Der höchste Verwaltungsbeamte ihres norwegischen Verwaltungsbezirkes, der Telemark, antwortete nur, dass Flutlichter nicht antragspflichtig seien. Fjeldaas fand sowohl im Nachbarschaftsgesetz als auch im Gesetz zum Schutz der öffentliche Gesundheit Paragrafen, die zum Schutz der Bevölkerung vor Lichtverschmutzung eingesetzt werden können. In genanntem Gesetzestext heißt es in §14 Abs. 1 unter anderem: »Die Gemeinde darf eine Immobilie oder ein Unternehmen in der Gemeinde mit Auflagen belegen, wenn die Errichtung direkt oder indirekt negative Auswirkungen auf die öffentliche Gesundheit haben kann ...«

In Arendal gab es Beschwerden über eine riesige Leuchtreklamewand, auf der Informationen über die Stadt abgespielt wurden. Der Bildschirm leuchtete bis über den Fjord hinaus, wo Anrainer am anderen Ende des Wassers das Licht als so unangenehm empfanden, dass sie seither Einschlafschwierigkeiten plagten. Das Gesetz zum Schutz der öffentlichen Gesundheit hätte hier zwar Anwendung gefunden, die Beschwerden wurden jedoch nicht ernst genommen.

Überall gehen bei Ärztinnen und Ärzten Beschwerden darüber ein, dass sich Menschen von nervigem Licht nachts gestört fühlen, doch leider sind die Antworten darauf oft dieselben: Ziehen Sie die Vorhänge zu, das wird schon helfen. Die Behörden hätten die Befugnis, etwas dagegen zu unternehmen, wie es in einem ungewöhnlichen Beschluss in Ålesund passierte: Die Gemeinde untersagte dem Sportverein Herd im Jahr 2009, nach neun Uhr abends Außenbeleuchtung zu verwenden, und auch die vor dieser Uhrzeit erlaubte Lichtintensität der Beleuchtung wurde festgelegt.

Andere Länder beschäftigen sich mehr mit diesem Phänomen, so kämpft beispielsweise die Organisation Dark Sky Association gegen Lichtverschmutzung und konnte bereits bewirken, dass 18 US-amerikanische Bundesstaaten Gesetze gegen Lichtverschmutzung erlassen mussten. In New Mexico müssen demnach alle Lampen mit mehr als 150 Watt abgeschirmt oder von 23 Uhr bis Sonnenaufgang ausgeschaltet werden. Einige Bundesstaaten verrichten diese Arbeit sogar so gründlich, dass Touristen und Sternengucker nun scharenweise hinströmen, um echte Finsternis zu erleben. Die Organisation hat sich auch zum Ziel gesetzt, die Dunkelheit in Parks und an anderen Naturschauplätzen zu bewahren, und es ist ihnen bisher gelungen, 35 Orten weltweit den Status *International Dark Sky Reserve* zu verleihen, so beispielsweise im Herbst 2018 dem riesigen Nationalpark in Frankreich, der Nationalpark Cevennen, der nun der größte Park mit dieser Auszeichnung ist.

Auch hierzulande in Norwegen diskutiert man die Bekämpfung von Lichtverschmutzung erfolgreich, weswegen die öffentlichen Außenbeleuchtungen in einigen Städten nun stark gedimmt werden. Auf der spanischen Insel La Palma orientiert die Gesellschaft sich am sogenannten »Himmelsgesetz«, das Licht regulieren soll. Diesem liegen wissenschaftliche Bedürfnisse zugrunde, denn im Gebirge dieser Insel befindet sich ein wichtiges astronomisches Observatorium, das für seine meist spätnachts beginnende Arbeit absolute Dunkelheit benötigt. Andere Observatorien rund um den Globus werden heutzutage aufgrund der stetig ansteigenden Lichtverschmutzung in ihrer Umgebung als unbrauchbar eingestuft. Der Nachthimmel leuchtet vielerorts gelbbraun, weil er alle künstlichen Lichtquellen reflektiert, doch in La Palma gelten hohe Strafen für das Brechen des »Himmelsgesetzes«. Außerdem werden alle Straßenbeleuchtungen um Mitternacht auf 50% ihrer Leuchtkraft reduziert, was ihr Licht weicher, eher orangefarben, werden lässt – und, wie es sich gehört, wird der Lichtstrahl der Lampen zu Boden statt in die Umgebung gelenkt.

Die Dark Sky Association schlägt konkrete Maßnahmen vor, wie man mit der eigenen Nachbarschaft und der Öffentlichkeit umgehen soll, damit ungewünschte Lichtquellen gedimmt werden, und nennt ihre Initiative *Globale Mobilisierung für den Nachthimmel*. Der Name impliziert richtigerweise, dass das Erlebenkönnen einer wirklichen Nacht, eines erleuchteten Sternenhimmels, ein Menschenrecht sein sollte. Was für ein schöner Gedanke!

Der bereits erwähnte Erling Fjeldaas kämpft in Norwegen, dem angeblichen Land der Dunkelheit, für eine solche Gesetzgebung, macht konkrete Vorschläge für Gesetzesänderungen und setzt sich für die Regulierung von Beleuchtung ein, beispielsweise bei Sportanlagen, Gewächshäusern, Aquakulturanlagen und im Straßenbau sowie bezüglich Rechtsvorschriften für Außenbeleuchtung im Baurecht. »Die Regeln sollten sich auf den Winkel des Lichts, die Lichtstärke und die Uhrzeiten, zu denen das Licht ein- und ausgeschaltet ist, beziehen. (…) Leider befassen sich die Parlamentsparteien noch nicht mit dem Himmel, obwohl sie sich dazu schleunigst eine Meinung bilden sollten«, schreibt er.

Wir brauchen die natürliche Dunkelheit

Ein weiterer Norweger, der Journalist Erlend Christian Lysvåg, fürchtet sich vor dem, was wir in einer überbeleuchteten Welt verlieren könnten. »Das künstliche Licht macht uns die Nacht, die Dunkelheit und all das Unendliche, die für uns unzugänglichen Nuancen der Natur, zunichte. Wir sehen keine Sterne, keine lichtsensiblen Tiere, keine Schatten und andere eigentümliche Details, die erst im Dunkeln auftauchen. Wir führen unsere Existenz als sinnliche Wesen damit faktisch ad absurdum; bei einem andauernden und ernsthaften Stromausfall kämen wir nicht zurecht. Wir haben verlernt, uns zu orientieren, zu navigieren, im eigentlichen Sinn zu überleben«, schreibt er.

Es ist dringend! Zwei Drittel aller Menschen in Norwegen leben inzwischen so, dass sie die Milchstraße nicht sehen können, das zeigen neue Untersuchungen. Die Skandinavierinnen und Skandinavier sind damit jedoch in guter Gesellschaft, denn 60 Prozent der Menschen in Europa und 80 Prozent der Nordamerikanerinnen und Nordamerikaner verwehren sich selbst dieses Privileg.

Immer mehr Touristinnen und Touristen kommen ausschließlich nach Norwegen, um Dunkelheit, Nordlichter und Sterne zu erleben – und die Stille. Norwegen rühmt sich reiner Natur und schöner Berge und Fjorde, aber in weiten Teilen des Landes liegt ein grau-gelber Schleier zwischen den Menschen und einigen der schönsten Schätze, die es anzubieten hat.

Die kommunale Selbstverwaltung Norwegens bewirkt, dass Gemeinden nicht auf die Erlaubniserteilung des Staates warten müssen, sondern die Dinge selbst in die Hand nehmen können. Es wäre nämlich durchaus möglich, alle Lichter zu regulieren, Beleuchtung auf ihre Nützlichkeit und Notwendigkeit hin zu bewerten und kritisch zu hinterfragen, was man in welcher Intensität wann hell oder gedimmt (be-)leuchten soll. Vermutlich könnten viele Gemeinden den Titel »Norwegens erstes Sternendorf« einheimsen, oder doch lieber »Norwegens erste Nachthimmelgemeinde«? Dort könnte man sich darauf verständigen, dass bei besonders klaren Wettervorhersagen oder Nordlichtprognosen im Winter ein Sternenalarm eingerichtet wird und all das nicht bereits gedimmte, unnötige Licht eine Weile ausgemacht wird, damit alle die Möglichkeit geboten bekommen, den Blick nach oben zu richten und unser Universum zu sehen.

Darin liegt nicht nur Schönheits- und Gesundheitspotenzial, sondern auch die Möglichkeit, Strom und damit Geld zu sparen – bei natürlicher Dunkelheit geht es um viel mehr als nur Naturerleben. Die Wissenschaft liefert immer mehr Beweise dafür, dass zu viel Licht unser körperliches und seelisches Wohlbefinden sowie unsere Stimmung stark beeinflusst, was im Umkehrschluss dazu führt, dass wir – als Teil des Ökosystems – gemeinsam mit den Tieren die Umwelt anders nutzen und bewusst und unbewusst manipulieren.

Wir sind also abhängig von natürlicher Dunkelheit.

Christiane

Gråhuken versank nun komplett in Finsternis und Christiane schrieb, dass diese Dunkelheit sie an die Hütte fesselte. Um die Hausarbeit kümmerten die drei sich schichtweise, in ihrer Freizeit beschäftigten sie sich mit diesem und jenem, Hermann schrieb und las, sie brachte Kleidung auf Vordermann und Karl »hatte immer etwas zu flicken, zu löten oder zimmern«. Sie legten Patiencen und erzählten sich Geschichten, während die Welt draußen von tiefer Nacht umschlungen wurde. Sie trauten sich nicht, sich weit von der Hütte zu entfernen.

»Der Sturm, der ab und zu tagelang anhaltende Sturm, ist eigentlich das Letzte, das uns von der Wirklichkeit geblieben ist und nachts, wenn es still geworden ist in der Hütte, unser Bewußtsein beherrscht.«

Angst vor dem Landstreicher

Fragt man mich geradeheraus, wovor ich mich hier oben eigentlich fürchte, müsste ich wohl antworten, dass es das für mich nicht Sichtbare ist, das aber trotzdem da ist. Ich habe Angst davor, dass sich jemand durchs Fenster hereinstiehlt, mich überrascht, die Tür aufbricht, mich verprügelt. Angst vor dem Landstreicher mit dem ungepflegten Bart, dem Einsiedler, der Menschen nicht ausstehen kann und wahllos in Ferienhütten einbricht, um dort nomadisch zu leben. Der Landstreicher, der mit einer Fackel und Axt bewaffnet von weiß Gott woher auftaucht.

Schließlich ist die Welt nicht immer gut, solche Dinge passieren. Vor allem in Ländern, in denen Krieg herrscht, berichten Frauen von schlechten Erfahrungen damit, sich von der Zivilisation zu entfernen: In der Natur gelten die Regeln der Wildnis. Für sie mögen die norwegischen Outdoor-Regeln nicht einleuchtend sein, das leuchtet mir ein.

Und jeden Tag, jede Sekunde, passiert auch in unserem so sicheren Land etwas Furchtbares, eine Entführung, ein Mord oder Übergriffe und Körperverletzung, und ja, auch Tiere können rücksichtslos sein, und die Natur ist sowieso gleichgültig, doch niemand, wirklich niemand verhält sich so respektlos wie wir Menschen.

Ich habe schon seit vielen Jahren Angst vor dem Landstreicher.

Er wuchs im westnorwegischen Bergen auf, wo seine Familie vom Leben in der Natur besessen war. Er wollte eigentlich Fußballer werden und zog nach Kopenhagen, um dort zu spielen, landete jedoch auf der Straße und lebte zuerst vor allem unter Drogensüchtigen in Bergen, bevor er begann, sich im Wald herumzutreiben.

Seit den 1980er Jahren wandert er alle Berggipfel ab, zuerst rund um Voss, dann weiter östlich. Er brach in über tausend Hütten ein und wurde darum 664 Mal wegen Einbruchdiebstahls verurteilt. Er zerbrach Fensterscheiben oder rammte die Tür ein, stahl Kleinigkeiten, die er brauchte: Angelausrüstung, Cartoons, Brühe, Sauerkraut, Schuhe, Rucksäcke, Campingkocher, Landkarten, Bücher. Lebensmittel und Alkohol. Manchmal machte er noch die Fußbodenheizung an, bevor er ging, und zog weiter.

Er versteckte sich vor der Polizei, flüchtete vor der Vergangenheit und wutentbrannten Hüttenbesitzern und Hüttenbesitzerinnen in Hallingdal, Gudbrandsdalen und Mjøstraktene. Jedes Mal, wenn er erwischt und eingesperrt wurde, versprach er, nicht mehr umherzustreunen. Er saß jahrelang im Gefängnis. Irgendwann gestand er, dass er eigentlich hatte aufhören wollen, doch sobald die ersten Schritte gelaufen waren, schaffte er es nicht.

»Seit der Scheunendieb Gjest Baardsen im 19. Jahrhundert sein Unwesen trieb und alles verwüstete, hat niemand mehr so viele Landsmänner gegen sich aufgebracht und gleichzeitig veräppelt. Einige bei der Polizei, die schon einmal nach ihm gesucht haben, lachen, wenn wir sie darum bitten ihm auszurichten, er solle sich bei uns melden, wenn er wieder mal gefasst wurde. Kaum ausrechenbar, wie viel Arbeit seine Aktionen andere kosten. Er vertschüsst sich in die Berge, sobald ihm die Sonne im Frühling den Nacken küsst und lässt sich erst erwischen, wenn es zum ersten Mal schneit. Er verfügt wohl über tierische Instinkte und kennt das Terrain in- und auswendig«, schrieb die norwegische Tageszeitung Aftenposten im Jahr 2005 über ihn.

Der Landstreicher wartete auf den Einbruch der Nacht und wanderte so, dass es unmöglich war, ihn zu entdecken, er mied Wege, Straßen und Brücken, auf denen er Gefahr lief, jemanden anzutreffen. Er fürchtete das Licht, denn in der Dunkelheit wähnte er sich in Sicherheit, denn die, die nach ihm suchten, schliefen. Die Dunkelheit war seine Rettung.

Ich stelle mir sein Leben ganz schön einsam vor, doch der Landstreicher sagte in einem Interview, dass er am liebsten allein unterwegs war. Ein Journalist fragte ihn, was ihn trieb: »Der Alkohol. Sobald ich zu trinken angefangen habe, ist es schwer aufzuhören«, antwortete Terje Larsen, wie sein richtiger Name lautete.

Er erklärte, bis zu drei Liter Spirituosen täglich in sich reinzuschütten, auch wenn seine Nachtsichtfähigkeiten sich durch das Trinken verschlechterten – so viel, dass er nicht mehr imstande war zu gehen, konnte er nicht trinken.

Die Polizei stufte ihn als harmlos ein, aber viele waren fuchsteufelswild. Einige Hüttenbesitzer und Hüttenbesitzerinnen drohten ihm öffentlich mit einer Tracht Prügel, sollten sie ihn jemals zu Gesicht bekommen. Andere sympathisierten mit dem Landstreicher, denn einfach nur spazieren zu gehen hat auch etwas Romantisches und Nostalgisches. Eigentlich verkörperte der Landstreicher das, was alle Menschen im tiefsten Innersten brauchen: gehen, nach Lebensnotwendigem suchen, es finden, weitergehen. Seine Instinkte und Sinne waren stärker entwickelt als bei den meisten von uns, denn er reagierte sensibel auf Geräusche, Gerüche und alle Arten von Veränderungen – wie ein Tier.

Für die meisten unter uns ist der Sehsinn zum wichtigsten Werkzeug avanciert, vielleicht hat er die anderen sogar ausgebootet? Machte uns der Landstreicher darum auf etwas aufmerksam, das wir verloren haben? Wie lange würden wir im Wald und in den Bergen überleben können, ganz allein in der Natur? Sitzt dieses Überlebenswissen noch da drin, tief unten vergraben in unserem Körper, auch bei uns modernen Homo sapiens?

Der Landstreicher war kein Teil einer Herde, das bestätigte er selbst, als er sich als einsamen Wolf bezeichnete.

Christiane

Christiane sitzt allein in der Hütte auf Gråhuken. Wenn die Männer die Umgebung erkunden, fühlt sie sich einsam. Weniger als zehn Prozent aller auf Spitzbergen Überwinternden waren damals Frauen, von denen kaum eine an der Jagd oder am Fischfang teilnahm.

Christiane versucht sich beim Nähen zu konzentrieren, sieht es als ihre Arbeit dort oben an. Sie näht und repariert Dinge, zeichnet und malt Aquarelle, schließlich ist sie Künstlerin. Doch sie entlarvt sich selbst: Sie hält sich beschäftigt, um ihrem Kopf nicht zu viel Möglichkeit zum Nachdenken zu geben, denn dann würde sie über »das große Nichts« da draußen ins Grübeln geraten, was ihr nicht guttäte, so ganz allein.

»Ich ahne die ganze Gewalt des Gedankens, die hier einen Menschen leben oder sterben lassen kann. Ich ahne, vielmehr weiß ich es mit Bestimmtheit, daß es das war, das Grauen vor dem Nichts, das die vielen hundert Menschen früherer Jahrhunderte auf Spitzbergen sterben ließ.«

Sie schreibt, dass nicht nur Skorbut viele Leben forderte, denn zu oft starben Menschen, obwohl sie genug zu essen, Waffen und Tiere für Jagd und Fang gehabt hätten.

Einige von ihnen trauten sich jedoch nicht in die Natur. Die Angst lauerte direkt vor ihrer Tür, über dem ganzen öden Land, wie ein Ungeheuer.

»Es war das Bild der großen Totheit des Landes, dieser furchtbare Stillstand allen Seins, das sich in ihre Seelen gezeichnet hat, alle Energie lähmte, die Kräfte nahm.«

Ich brauche Trost

Auch viele Jäger fühlten sich auf Spitzbergen einsam. Einige sagten es geradeheraus, um sich nicht einweisen lassen zu müssen. Einweisen aus der großen, weißen Freiheit der Weite und des Geistes.

… die einem auch über den Kopf wachsen kann in ihrer Größe. So erging es einem Fänger, der den Bezirksvorsteher Spitzbergens höchstpersönlich anrief und bat, ihn abholen zu lassen, damit er professionelle Hilfe in Tromsø in Anspruch nehmen könne.

Der Landstreicher Terje Larsen fürchtete sich weder vor der Dunkelheit noch vor dem großen Nichts. Vor etwas musste er jedoch Angst gehabt haben, darauf würde ich mein letztes Hemd verwetten. Je mehr ich über ihn lese, desto mehr will ich mich mit ihm unterhalten.

Gegen Ende der Recherche für dieses Buch erfuhr ich, dass er tot aufgefunden worden war – vor einer Hütte, in die er einbrechen wollte. Die, die ihn gefunden hatten, alarmierten den Notarzt, der mit dem Helikopter eingeflogen wurde, doch die Hilfe kam zu spät. Der Landstreicher starb mit sechzig Jahren am Buckel.

Inzwischen hat sich die tiefe Dunkelheit ganz über die Berge gelegt, vermutlich kommt die Angst deshalb nun wieder. Obwohl es erst Dienstag ist, will ich am liebsten jetzt schon nach Hause zu meinen Kindern, meinem Mann und meiner Stadt. Menschen können mich einschüchtern, doch gerade ist mir vor etwas anderem bange: vor dem Grübeln, vor Gedanken, durch die sich Gräben und Schluchten auftun, so wie schwarze Löcher in meinem Bewusstsein, in die es mich magisch zieht, in denen ich versinke. Wir haben wohl alle unsere eigenen Themen, in die wir uns reinsteigern können, sei es eine Scheidung, Krankheit, Trauer oder andere dunkle Kapitel unseres Lebens – ach, da ist es mir wieder rausgerutscht: Die Dunkelheit als Metapher für etwas Schlimmes. Im Augenblick befürchte ich am meisten, dass meine Fantasie das Heft in die Hand nimmt und die Hirngespinste, wie Christiane sie nennt, mich beherrschen.

Kein Fitzelchen Tageslicht übrig und ich debattiere mit mir selbst, ob ich nicht einfach morgen nach Hause fahren kann, obwohl ich erst gestern angekommen bin.

Der italienische Wissenschaftler Benedetti arbeitet mit Lichttherapie und meint: Man hat keine Angst *vor* der Dunkelheit, sondern *in* der Dunkelheit. Genau wie Ratten, die *im* Licht nervös werden, denn sie wissen, dass sie gefangen und getötet werden können, wenn sie sichtbar sind.

Ich brauche jetzt Trost. Mehr denn je. Ist es möglich, die Dunkelheit als etwas Weiches wahrzunehmen?

In sanfte Dunkelheit

in sanfte Dunkelheit
treten wir ein
öffnen die Augen
lassen einen Stein
eine Farbe
etwas anderes werden
in dem, was ist
verschwinden wir

und die Farben sind lila
in dem was ist
und verschwinden
und vielleicht sind die Farben lila

denn ich weiß, dass die Dunkelheit weich ist
und dass nie alles gleich ist
alles immer gleich ist
du und ich ist
indem man etwas eingeht, entgeht einem etwas

und die Farben sind lila
in dem was ist
und verschwinden
und vielleicht sind die Farben lila

denn ich weiß, dass die Dunkelheit weich ist

Jon Fosse

Norwegische Künstler und die Dunkelheit

Jon Fosse ist Norwegens bekanntester Lyriker, wurde in über fünfzig Sprachen übersetzt und wird nach Henrik Ibsen am häufigsten all meiner Landsmänner und -frauen auf die Bühne gebracht. Ich schicke ihm eine E-Mail, um zu fragen, wie er *Dunkelheit* definieren würde, doch den Begriff an sich will er nicht kategorisieren. Er erzählt mir jedoch, dass er einer der wichtigsten Aspekte in seiner Dichtung sei, er habe über *leuchtende* und *weiche Dunkelheit* geschrieben:

»Es versteht sich von selbst, dass Dunkelheit mit Nacht zu tun hat, mit Schlaf, mit dem Tod, und damit, nicht sehen zu können. Manchmal kann man Sterne sehen, in gewissem Sinne einen Einblick ins Universum gewinnen, man kann nie tiefer blicken, als in die Dunkelheit. Denn ohne Dunkelheit gibt es kein Licht, das versteht sich von selbst.«

Fosse schreibt mir außerdem, dass die innere und äußere Dunkelheit in der Dichtkunst oft zusammenfielen und einige der berühmtesten Dichter*innen an ihrer individuellen Dunkelheit zugrunde gingen. Da ist wohl was dran, denke ich, und weil ich ein paar seiner Bücher in der Hütte dabei habe, lese ich:

ich stand da
und spürte mich immer leerer werden
war leer
wie Regen und Dunkelheit

wie Wind und Baum

wie das Meer da draußen

ich war nicht mehr unruhig

ich war eine einzige große, leere Ruhe

ich war Dunkelheit

eine schwarze Dunkelheit

ich war nichts

und gleichzeitig merkte ich, ja,

dass ich in gewisser Weise leuchtete

tief in mir

aus der leeren Dunkelheit

merkte, dass die leere Dunkelheit leuchtete

(...)

Jon Fosse

Dem Dichter Olav H. Hauge konnte seine eigene Dunkelheit nichts anhaben, er gilt in Norwegen immer noch als einer der bedeutendsten Schriftsteller der Nachkriegszeit. Das erste Mal wurde er 1934 zwangseingeliefert, als er nur 26 Jahre alt war. Bereits vier Jahre zuvor hatte er die Zeichen vernommen, doch nun war es an der Zeit, stationär in Neevengården in Bergen aufgenommen zu werden. Es blieb nicht seine einzige Anstaltserfahrung in einem Krankenhaus für psychisch Kranke, denn er erlebte noch mehrere Aufenthalte im Krankenhaus Valen, der dortigen Nervenheilanstalt. Unterschiedliche Nervenleiden wurden ihm diagnostiziert, er selbst nannte sie »die Kummergeschichte meiner Jugend«.

Schizophrenie und Depression lauteten die Zuschreibungen zu den Episoden, die im Fünfjahresrhythmus auftauchten – im selben Zyklus, wie seine Gedichtbände erschienen.

»Olav H. Hauge war so in sein Lesen und Schreiben vertieft, dass er aufhörte zu essen, zu trinken und zu schlafen. Mehrmals brach er in der finalen Arbeitsphase an einem Buch zusammen. Zwei Mal verbrannte er sogar fertige Manuskripte«, berichtet Knut Olav Åmås, der eine Biografie über Hauge verfasst hat.

Würde ich berühmte Menschen aus Musik, Literatur, Kunst und Politik aufzählen wollen, die die Welt mit ihrer Kunst bereicherten, Wundervolles und Wichtiges kreierten, und gleichzeitig geistig auf der Kippe standen, schwere Diagnosen und häufig Behandlung erhielten und trotz allem daran zerbrachen und ihr Leben bewusst oder unbewusst früh enden ließen, könnte ich extrem lange Listen anfertigen.

Meistens involvierten diese Szenarien auch Drogen oder Alkohol zur Selbstmedikation.

Genügend Studien besagen, dass bestimmte psychische Störungen, wie zum Beispiel die Diagnose einer bipolaren Störung, früher als manisch-depressives Leiden bezeichnet, häufiger bei Kunstschaffenden und Kreativen auftreten. Vor allem Schreibende sind häufig von psychischen Problemen betroffen, im Vergleich zur Restbevölkerung und auch anderen Kunstschaffenden treten neben der Bipolarität auch Schizophrenie, Depressionen, Angstzustände und Drogenmissbrauch öfter auf. Laut derselben Studie wird Schriftstellern und Schriftstellerinnen ein um fast fünfzig Prozent erhöhtes Suizidrisiko attestiert als anderen Menschen.

Dunkel als Zustand

Der Psychologieprofessor Hoffart klärte mich bereits über die Angst vor der Dunkelheit auf, ihm zufolge bedeutet »im Dunkeln zu leben« jedoch in erster Linie mit Pessimismus und Diagnosen wie einer Depression zu leben.

»Innere Gefühle und Zustände sind nicht gleich konkret fassbar wie Gegenstände im Außen, weshalb sie eigentlich nur mit Metaphern dargestellt werden können. Die Natur bietet uns viele dieser Metaphern, zum Beispiel Licht und Dunkelheit. Wenn es um depressive Symptome geht, wird oft ein Mangel an Zukunftsperspektiven genannt, dass es also nichts gibt, worauf man sich freuen kann – oft wird dies mit den Worten ›dunkle Zukunft‹ beschrieben«, erklärt er.

Zwischen sechs und zwölf Prozent der Norweger und Norwegerinnen leben mit der Diagnose einer Depression. In Deutschland sind es ebenfalls zwölf Prozent. Zwischen zwanzig und dreißig Prozent sind im Laufe ihres Lebens mit einer depressiven Episode konfrontiert. In Deutschland liegt die Zahl bei etwa neunzehn Prozent, jedoch geht man von einer hohen Dunkelziffer aus.

»Wird eine Depression chronisch oder stärker, wird sie als psychische Erkrankung kategorisiert«, lerne ich, denn es gibt einen Unterschied zwischen traurig sein, schlechter

Laune, Trauer und einem Gefühlschaos, das die meisten irgendwann einmal empfinden.

All diese Gefühle in höherer Intensität, über einen längeren Zeitraum hinweg, nennen wir dann eine Depression, die zu den häufigsten Gesundheitsproblemen gehört – in Norwegen, dem deutschsprachigen Raum und weltweit. Die Weltgesundheitsorganisation stuft sie als eine der Hauptursachen für Leidensdruck und Funktionsverlust überall auf der Welt ein. Die Episoden können durch etwas Konkretes im Alltag ausgelöst werden, es gibt aber auch eine genetische Komponente, einerseits können die Beschwerden körperliche Symptome wie Schmerzen und Erschöpfung umfassen, andererseits leiden die meisten Betroffenen als Begleiterkrankung auch unter Ängsten.

Depressionen werden in der Regel entweder mit einer Gesprächstherapie oder Medikamenten behandelt, am besten jedoch mit einer Kombination aus den beiden. Die üblichen Medikamente enthalten den Neurotransmitter Serotonin, der als Botenstoff im Gehirn Signale zwischen den Nervenbahnen transportiert. Serotonin besitzt die Fähigkeit, extrem viele Signale zu senden, weswegen es eine große Rolle für unsere Stimmung und unser Verhalten spielt – darum ist die richtige Menge davon im Körper so wichtig, um sich zufrieden und wohl zu fühlen. Serotoninmangel kann im Umkehrschluss also zu Traurigkeit, Niedergeschlagenheit und Depression führen sowie zu Panikattacken.

»Ob die Veränderungen im Gehirn die Ursache für das unterschiedliche Erleben sind oder umgekehrt oder ob es sich hierbei um parallele, wechselseitige Prozesse handelt, wissen wir leider noch nicht genau genug«, erklärt Hoffart.

Kann das alles auch etwas mit natürlichem und künstlichem Licht und Dunkelheit zu tun haben? Ich habe von einem Dunkelheits- und Schlafhormon namens Melatonin gehört, dem in diesem Zusammenhang eine besonders wichtige Funktion und Beziehung zum Serotonin zugesprochen wird. Memo an mich selbst: Mehr darüber recherchieren!

Die Nacht im Wald

In Finse ist es nun stockdunkel. Wenn die blaue Stunde schon zwischen drei und vier Uhr nachmittags hereinbricht, sind noch immer so viele Stunden übrig, bis ich schlafen gehen kann. Unendliche Stunden. So viel Zeit, dass ich genauso gut zugeben kann, dass ich meine Angst vor der Dunkelheit bereits in diesem Zeitfenster anzunehmen und über mich ergehen zu lassen versucht habe. Starke 15 Stunden ist es hier pro Tag nun nachtschwarz.

Eines Nachts wollte ich allein im Wald schlafen. Ich war gerade von Spitzbergen nach Oslo gezogen, in eine Stadt, in der es nicht gerade vor Bergen wimmelt, die aber viele Bäume und angrenzende Wälder an ihrer Stadtgrenze zu bieten hat. Viel Fichte, viel Föhre. Föhren mag ich eigentlich am liebsten, und mit so einem großen, dichten Wald, wie es sie in dieser Gegend gibt, konnte ich wagen mich anzufreunden, dachte ich. Außerdem suchte ich Rat bei einem Freund:

»Die Dunkelheit schützt dich«, sagte er. »Wie wahrscheinlich ist es, dass jemand ausgerechnet mitten in der Nacht dort sein Unwesen treibt?«

Die Lehrerin einer Freundin beschwichtigte auf eine ähnliche Art und Weise: »Die Dunkelheit ist kein Feind, sondern ein Freund, hinter dem du dich verstecken kannst.«

Ein anderer Freund wohnte selbst lang im Wald und wiederholte in seiner Waldhütte sitzend sein Mantra immer und immer wieder, wenn er sich zu fürchten begann:

»Ich bin hier der komische Kauz, der komische Kauz hier bin ich. Wer hier vorbeikommt, fürchtet sich mehr vor mir, als ich mich vor ihm.«

Ich versuche dasselbe, es half damals im Wald in Oslo, und es wird mir auch jetzt helfen, in der zweiten Nacht im Hochgebirge. Der komische Kauz hier bin ich. Sollte jemand vorbeikommen, dann weil er Unterschlupf oder Hilfe benötigt.

Wenn nicht gerade der Landstreicher sein Unwesen treibt … Was, wenn er noch immer umherirrt, etwas in ihm unterwegs ist, obwohl er längst gestorben ist?

Damals hatte ich einen gemütlichen Platz zwischen einigen Föhren gefunden und entzündete ein feines Lagerfeuer. Ich hatte auf ein Zelt verzichtet, lag in einen Schlafsack und einen Biwaksack eingewickelt im Gelände, weil ich freie Sicht behalten wollte, sollte ich Geräusche vernehmen und Angst bekommen, dass sich jemand nähert.

Denn schon damals hatte ich keine Angst vor Wölfen oder Bären oder Ameisen im Schlafsack. Ich hatte Angst vor Patienten, die aus psychiatrischen Anstalten ausgebrochen waren, vor dem Landstreicher, vor Typen mit Schrotflinten, Figuren aus Horrorfilmen, die ich mich nie traute anzuschauen, von denen ich aber weiß, dass sie sich oft im Dunkeln, außerhalb der Zivilisation, in der Wildnis aufhalten. Ich hatte Angst vor Kindern, die vor Hunderten von Jahren zum Sterben im Wald ausgesetzt worden waren und nun zurückkämen, um sich zu rächen.

Ich hatte Angst vor Menschen.

Also wachte ich auf und schlief wieder ein, wachte auf, schlief ein. Nebenbei achtete ich darauf, dass das Feuer nicht ausging und konnte nicht mehr zwischen Traum und Wirklichkeit unterscheiden. Ich sah einen schwarzen Schatten und hatte das Gefühl, dass jemand meinen Schlafsack am unteren Ende packte, mich wegziehen wollte, ich schrie, hellwach, griff nach dem Gewehr, das ich auf Spitzbergen immer zur Jagd dabeigehabt hatte, das nun aber natürlich nicht neben mir lag. Dort war niemand, es kam auch niemand, ich atmete tief aus, um mich zu beruhigen, wieder einzuschlafen. Irgendwann schlief ich tatsächlich wieder ein – und flog davon.

Ich träume nämlich wiederkehrend, dass ich fliegen kann – Nacht für Nacht. Es tut gut zu fliegen, ich lege kilometerlange Reisen zurück, über Berge, durch Wolken, zu Häusern, in denen mir bekannte Menschen wohnen. Manchmal kann ich jedoch nicht abheben oder erreiche keine geeignete Flughöhe. In diesen Träumen werde ich oft von undefinierbaren Kreaturen gejagt oder verfolgt.

Die Nachtmahr – wenn der Nachtalb uns schlecht träumen lässt

Das Wort Albtraum kommt vom Nachtalb, einem mythologischen Wesen aus dem Volksglauben, das auch unter Mahr bekannt ist: ein kleines, schwarzes Wesen, das durch Schlüssel- oder Astlöcher hereinkommt und Menschen und Tieren Grauen einflößt. Der Begriff ist in vielen Sprachen bekannt, in Norwegen sitzen die Wesen auf der Brust der Träumenden und beherrschen sie so im *mareritt* (von der Mare geritten werden). Die Isländer nennen es *martröd*, die Schweden *maredröm* (Marentraum), und auf Englisch kennen wir es als *nightmare*.

Träume können als Erfahrungen, die man während des Schlafens macht, gesehen werden, als eine Abfolge von Bildern, Gedanken, Klängen oder Gefühlen, die im Gehirn auf die Leinwand übertragen werden. Sie unterscheiden nicht zwischen Realität und Fantasie, und auch ihre Funktion ist noch ungeklärt, jedoch haben Forscherinnen und Forscher herausgefunden, wo Träume entstehen; sie kommen nämlich aus einem abgegrenzten Bereich tief im hinteren Teil unseres Gehirns, der auch für das Verarbeiten von Emotionen und das visuelle Gedächtnis zuständig ist.

Im REM-Schlaf träumen wir am lebhaftesten. Zum Glück sind die Muskeln unseres Körpers in diesen Momenten durch ein Hormon gelähmt, das verhindert, dass wir auf den Inhalt der schlechten Träume physisch reagieren. Während der anderen Schlafphasen wirkt dieses Hormon nicht, deshalb ist es sowohl beim Einschlafen als auch Aufwachen möglich, vom eigenen Schreien und Zucken wach zu werden.

Psychologen teilen unsere Albträume in mehrere Gruppen ein. Am wenigsten gefährlich kategorisieren sie den Angsttraum, der häufig in REM-Schlafphasen auftritt: eine unangenehme, aber ziemlich häufige Form des Traums, von der nicht unbedingt etwas im Gedächtnis hängen bleibt. Bis zu siebzig Prozent von uns erleben solche Angstträume mehr oder weniger regelmäßig.

Die zweite Form ist der Albtraum, der mit seiner abstrakten, schmerzhafteren Art härter zupackt, wenn er uns ergreift: Hierbei handelt es sich häufig um einen Traum, der uns lang nicht loslässt, immer wieder verfolgt, Nacht für Nacht zurückkehrt. Er kann uns so hart treffen, dass wir aufwachen und reale Angst und Furcht im Körper spüren.

Der dritte Typ schlechter Träume nennt sich Nachtschreck und gilt als Schlafstörung. Man erlebt schwere Angstanfälle, Schreie und Winseln. Fünfzehn Prozent aller Kinder sind davon betroffen, meistens beginnen Nachtschrecke im Alter von zwei bis drei Jahren. Oft wachen die Betroffenen nicht vollständig auf und beruhigen sich wieder, ohne sich beim neuerlichen Erwachen an irgendetwas zu erinnern.

Warum plagen uns diese schlimmsten Albträume eigentlich? Darauf hat auch die Wissenschaft keine eindeutigen Antworten, zu den gängigen Theorien gehören: einerseits rein körperliche Ursachen beim Wechsel zwischen zwei Schlafphasen und andererseits belastende Erlebnisse und traumatische Erinnerungen. Egal – jedenfalls tauchen sie auf und stören unsere Nachtruhe.

Christiane

Mitten im Winter sieht Christiane auf Gråhuken mehrmals eine dunkle, vornübergebeugte Gestalt, die sich östlich von Spitzbergen aus dem Meer erhebt: »Ich bilde mir ein, es müßte aus dem bewegten Wasser der letzten Bucht vor der Hütte ein Etwas auftauchen, eine dunkle Gestalt, die in vorgebeugter Haltung lautlos und abwendbar auf mich zukommt.

Immer wieder versuche ich dieses Hirngespinst, so scharf umrissen es in meiner Phantasie auch schon existieren mag, von mir zu weisen.«

Ein andermal ist Karl, der andere Jäger, allein auf der Jagd, und sie fragt ihn, wie es ihm in Svendsenbai ergehe. Er antwortet, dass man dort nicht übernachten könne, weil es spuke. Beide lachen.

Sie wissen, dass Geister nicht existieren, aber sie wissen wahrscheinlich auch, dass das, was nicht existiert, im menschlichen Geist in Einsamkeit und Dunkelheit real werden kann, da das Maß der Realität nicht mehr gilt.

Gruselige Weihnachten

Wenn das Sehvermögen geschwächt ist, haben die Fantasie und das, was man nicht sehen, sondern nur erahnen kann, mehr Raum. Genau zur dunkelsten Zeit des Jahres feiern wir Weihnachten. Je mehr wir die Zeit in vorelektrische Jahrhunderte zurückdrehen, desto dunkler wird es um diese Jahreszeit. War man nicht Großbauer oder sonst irgendwie reich, konnte man es sich nicht leisten, Geld oder andere Güter für Kerzen und Öllampen auszugeben, daher war Weihnachten für die meisten Menschen eine beängstigende Zeit. Denn je dunkler und kürzer die Tage waren, desto stärker arbeiteten übersinnliche Kräfte rundherum.

Obwohl Norwegen nach der Einführung des Christentums zu Weihnachten das Licht und die Geburt Jesu feierte, waren die Feiertage geprägt von Jubiläen, Ritualen und Traditionen, die engen Kontakt mit unliebsamen, nicht unbedingt christlichen Freunden unterbinden sollten, wie: den Unterirdischen, den Mächten der Finsternis, Gespenstern, Phantomen, den lebenden Toten und wie auch immer sie heißen mögen.

Viele von ihnen wurden mit dem Teufel und seiner Dunkelheit in Verbindung gebracht. Sie alle hatten gemeinsam, dass ihnen Hässlichkeit und die Macht, großen Schaden anzurichten zugesprochen wurde. Mit ihnen durfte man sich nicht schlechtstellen, man durfte sie nicht verärgern, darum musste man ihnen gehorchen, ihren Forderungen nicht widersprechen und ihnen Respekt zollen.

An bestimmten Tagen und Abenden mussten die Menschen besonders vorsichtig handeln, denn da kamen sie aus der Unterwelt, aus ihren Verstecken. Da war die Grenze zwischen der menschlichen Welt und den dunklen Mächten ein so schmaler Grat, dass ein Überschreiten gefährlich nahe lag. Das galt sowohl für die Lucianacht, Heiligabend als auch Silvester – und jeden einzelnen Donnerstag. An Donnerstagen ruhte der Weihnachtsmann sich aus, weswegen es unklug war, zu spinnen, zu stricken oder Holz zu hacken, sonst hätte man ihn leicht stören können.

In der Nacht vor dem 13. Dezember wurde die Lussinacht gefeiert, in der Lussi gehuldigt wurde. Vom 13. Jahrhundert bis etwa 1700 n. Chr. glaubte man, dies sei die längste Nacht des Jahres, die den Übergang zur Dunkelzeit markierte und allen Untoten, Gespenstern und anderen dunklen Kreaturen die Tür zur Menschenwelt öffnete. Der 13. Dezember läutete auch die Weihnachtszeit ein und ist der christliche Luciatag. Dieses Datum vereint also einen dunklen Mythos mit einer leuchtenden, christlichen Tradition.

Lussi und Lucia

Einige verbinden die nordische Lussi mit der Lilith der altjüdischen Tradition. Demnach soll sie die allererste Frau auf der Welt gewesen sein, lange bevor Eva geschaffen wurde. Sie hatte viele Kinder mit dem ersten Mann auf der Welt, Adam, war großartig und eigensinnig, zierlich wie er – und wollte beim Geschlechtsverkehr immer oben sein. Adam und sie hatten viele Kinder. Eines Tages spazierte Gott durch den Garten Eden, um ihre Kinder zu begutachten. Als Lussi das erfuhr, wollte sie alle reinwaschen, schließlich schickte es sich nicht, die Nachkommen schmutzig herzuzeigen. Sie schaffte es jedoch nicht, alle zu waschen, also versteckte sie einige und weigerte sich, sie Gott zu präsentieren. Erzürnt verwies dieser sowohl sie als auch ihre Kinder des Garten Eden, sodass sie für immer unterirdisch weiterleben mussten und somit die Ureltern der Unterwelt wurden.

Lussi blieb meistens in der Unterwelt, doch an ein paar kurzen Tagen rund um Weihnachten, an denen die dunklen Mächte am stärksten waren, trat sie ans Licht – und war fuchsteufelswild.

Überlieferungen zufolge konnte sie auf einem Besen oder einem Pferd durch die Luft fliegen, manchmal war sie allein unterwegs, manchmal mit anderen. Sie war verdammt groß und mächtig verärgert, wie alle, die in der längsten Nacht ausrückten, um die zu bestrafen, die zum Beispiel mit dem Nudelholz arbeiteten – für dieses Vergehen konnte man seine Hand verlieren! Sie soll die Menschen angebrüllt haben: »Nicht brauen, nicht backen, nicht Holz heizen und hacken.«

Nach der längsten Nacht sorgte Lussi für das Gegenteil, nämlich dafür, dass alle fleißig arbeiteten. Vor Weihnachten war schließlich viel zu tun: Das Bier musste gebraut, Lefse gebraten sowie Staub und Altlasten entfernt werden. Zur Weihnachtszeit konnte es passieren, dass sie ungezogene Kinder ihren Eltern wegnahm; wenn sie eine Wut auf Erwachsene hatte, konnte sie viel Schaden anrichten und z.B. Gebäude zerstören. War sie jedoch zufriedengestellt, brachte sie den Kindern Geschenke ins Haus.

Die Lussinacht und die Zeit der Dunkelheit galten als sehr gefährlich, doch es war möglich, sich vor diesen Gefahren zu schützen. Teer wurde verwendet, um Holz am Verfaulen zu hindern, außerdem behaupteten einige, er hielte auch dunkle Mächte fern. Dies führte dazu, dass die Menschen in ihrer Angst Teerkreuze über ihr Bett und ihre Tür malten und Scheren und Messer aus Stahl neben Fenster und Schlafstätten bereitlegten, ja sogar im statt wie üblich neben dem Bett, pflegten einige ihre Waffen bereit zu halten. Das Licht war an, und alles, was gebacken wurde, wurde mit einem kleinen Kreuz versehen.

»Ist im Brot kein Kreuz zu sehen, wird Huldra vor der Türe stehen«, erzählte man sich.

Wie allseits bekannt, begehen wir die längste Nacht heutzutage am 21. Dezember und feiern am 13. Dezember in Erinnerung an die christliche Heilige Lucia in erster Linie das Luciafest. Sie starb 300 n. Chr. bei den Christenverfolgungen als junges Mädchen einen Märtyrertod. Lucia bedeutet *leuchtend*, die Strahlende und Menschenfreundin.

Seit 1927 feiert man in Schweden die Tradition der Luciaumzüge mit verkleideten und singenden Kindern und viel Licht. Viele hundert Jahre zuvor war wegen ihrer Unschuld die älteste Tochter des Hofes dafür vorgesehen. Man kleidete sie in eine weiße Tracht und gab ihr eine Kerze in die Hand, mit deren Licht sie zwischen Scheune und Stall und im Haus singend böse Geister vertreiben sollte.

Dadurch sollte das Licht die Dunkelheit vertreiben – jedenfalls verschmolzen so die Traditionen der Lussi und der Lucia.

Gottes Wort ist wie Licht in der Nacht;
es hat Hoffnung und Zukunft gebracht.
Es gibt Trost,
es gibt Halt
in Bedrängnis Not und Ängsten,
ist wie ein Stern in der Dunkelheit.

Text: Hans-Hermann Bittger, Kanon:
Joseph Jacobsen (1935)

Das Mittwinterfest

Auch vor der Zeit des Christentums feierte man in Skandinavien in der Dunkelzeit, beim ersten Vollmond nach der Wintersonnenwende, rauschende Feste und riesige heidnische Opferzeremonien. Zu feiern gab es schließlich viel: dass sich die Sonne drehte und irgendwann zurückkommen würde. Man feierte die Toten und die Fruchtbarkeit, und brachte Opfergaben für die Götter dar, vor allem Saatgut zur Sicherung der Ernte im nächsten Jahr. Oft nahm man etwas Grünes mit ins Wohnzimmer, zum

Beispiel einen Wacholderzweig, um zu zeigen, dass die Sonne und der Frühling wiederkehren würden, aber auch zum Schutz vor Untoten und dunklen Mächten.

Nach und nach verschmolzen die Feste miteinander und manche Traditionen verloren ihre Bedeutung, obwohl sie weiterhin gepflegt werden. Wir feiern in der dunkelsten Zeit immer noch mit viel Licht, Gemütlichkeit und Gemeinschaft.

Aber die dunklen Kräfte und die Wahrnehmung der Dunkelheit als etwas Negatives existieren weiter, beispielsweise in der Religion und Musik, in der Literatur und im Sprachgebrauch, im Zeichentrick, in Filmen, Fernsehserien und Spielen – und unserer eigenen Vorstellung.

There is a crack in everything

Ich schaue aus dem Fenster. Meine Schlafenszeit nähert sich, und in mir baut sich Ambivalenz auf: Ich will schlafen, denn so ist es schneller Mittwoch und taghell, jedoch fürchte ich mich davor, meine Augen zu schließen. Ich suche nach Sternen und anderen Himmelskörpern, aber sehe rein gar nichts, obwohl das Fenster so riesig ist. Oder war da etwa ein Schatten zu sehen, der sich hinter dem Felsen anschleicht?

Wieder muss ich mich beherrschen, damit meine Fantasie nicht mit mir durchgeht. Ich weiß, vieles von dem, was sich jetzt in meinem Kopf abspielt, sind nur Gedanken und Gefühle, ich jedoch, Sigri, bin mehr. Nämlich:

Bewusstsein, freier Wille, der sich durchsetzen kann, bewertet, kontrolliert, stärker ist. Ich zweifle: Kann ich das wirklich, schaffe ich es auch in der Dunkelheit, mich zu beherrschen?

Ich versuche mir selbst vorzusagen, dass die Dunkelheit weich oder hell ist, denke an meine Erkenntnisse aus der Astrophysik – dass Dunkelheit eigentlich gar nicht existiert und, wie ich selbst geschrieben habe, nur als erlebte Abwesenheit von Licht definiert wird. Im ganzen Universum existiert kein Winkel, in den das Licht nicht eindringen kann.

Ich denke an die Textzeile von Leonard Cohen: »There is a crack in everything, that's how the light gets in.«

Ich denke an das Lied von Simon und Garfunkel: »Hello darkness, my old friend.«

Alles schön und gut, aber das hilft mir gerade nicht. Wir hätten nie so große Fenster montieren lassen sollen, außerdem fühlt es sich gerade so endlos lang her an, dass ich andere Menschen gesehen habe. Endlos.

Die anderen so lang her

Was machen wir da miteinander
Es dämmert und das Haus kühlt aus und wird noch
dunkler
Wir fürchten uns, wie jeder neben dem anderen seine
Sachen macht und
wir denken, dass jetzt keiner von uns gehen darf
dann könnten wir nicht weiter im Haus wohnen bleiben

da müssten wir wegziehen, denn Bäume, Hügel, das
Meer sind dunkel
und schwarz, wenn wir allein sind und die anderen so
lang her

Jon Fosse

Ich scheiße drauf. Schlafe ein. Schlafe tatsächlich. Kaum zu glauben, auch heute schaffe ich es wieder, einzuschlafen, obwohl ich eine Mordsangst habe. Dann wache ich von einem Knall auf. Was zum Teufel war das? Ist der Schlitten umgekippt? Schnee vom Dach, nur der Wind? Oder etwas, vor dem ich Angst habe?

Ich gehe in den Flur, hole die Axt und lege sie auf das Kissen neben mir und schalte für alle Fälle mein Handy ein. Schlafe ein, wache auf, schlafe ein, wache auf. Muss pinkeln.

Blinzle und sehe die Axt.

TAG 3

Mittwoch

Wir schreiben den dritten Tag und draußen stürmt es so höllisch, dass ich mich nicht aus der Hütte traue. Bleibe drinnen, betrachte mich als eingestürmt, wie eingeschneit, nur ohne Schnee. Jetzt kann ich mich so sehr in die Stadt sehnen, wie ich will, so oder so sitze ich hier fest, aus, basta. Darum mache ich mir erst mal gemütlich Frühstück, Knäckebrot und Fischpaste, ein hart gekochtes Ei dazu. Denke nach, lese, schreibe und heize den Ofen ein. Bis auf den Sturm erkenne ich da draußen nicht viel, weiß aber, dass es absolut unverantwortlich wäre, mich bei diesem Wetter zum Bahnhof Richtung Zivilisation zu wagen. Alles, was ich gestern sehen konnte, ist verschwunden – die Berge, alle Steine – weiß. Es heult und braust, und mir fällt auf, dass ich gar nicht abschätzen kann, ob das Fenster diese Intensität mitten im Winter aushält, ob das Haus und der Schornstein stabil genug sind. Trägt der Wind etwas mit, einen Stein oder anderes lose liegendes Material, und schleudert es ins Glas, wäre die Scheibe komplett kaputt und der Wind würde alles von hier drinnen nach draußen mitreißen ... Was mache ich dann?

Ich denke daran, dass ich warme Kleidung und einen Schlafsack parat habe, die viel Kälte abhalten können. Außerdem ist es noch nicht einmal dunkel. Sollte der Supergau doch eintreten, kann ich mich rauszwingen und in einer anderen Hütte niederlassen, bis der Sturm sich gelegt hat. Das muss doch erlaubt sein, wir sprechen hier schließlich von Notwehr, ach nein, man nennt es wohl Ausnahmezustand.

Das Fenster bebt und zittert.

Christiane

»Ob wohl so ein Sturm die Hütte zu heben vermag?«, fragt sich Christiane.

Mitten im Spätherbst und mutterseelenallein befindet sie sich nun im tobenden Orkan. Die Männer sind weit weg auf der Jagd, jeder für sich, bevor die Dunkelheit endgültig alles verschlingt. Plötzlich denkt sie an all die Gegenstände, die sie außerhalb der Hütte sichern muss, damit der Sturm sie nicht mitreißt. Sie zieht sich rasch an und lugt zur Tür hinaus.

»So hatte ich Spitzbergen noch nicht gesehen. Die ganze Landschaft war in Aufruhr. Der Schnee trieb wie ein breiter Wasserstrom übers Land, über die Hütte hinweg und in Wolken über das schwarze Meer. Die Dünung ging seewärts. Hoch in den Lüften brauste der Sturm wie ein tiefer, langgezogener Orgelton.«

Drinnen gibt es nicht mehr viel Holz, also hackt sie ein paar Baumstämme klein, die an die Hüttenwand gestapelt liegen. Das Schneegestöber wirbelt ihr Kälte und Nässe ins Gesicht und unter die Jacke, die sie nicht ganz zugeschnürt hat, weswegen ihr nun die Kapuze wie ein gefrorenes Rohr am Kopf steht. Sie stellt die Holzscheite, die Axt und den Sägestuhl drinnen ab.

In der Hütte sägt sie also weiter und versucht, den Ofen zu heizen, doch die Flamme erlischt jedes Mal. Der Rauch vernebelt zwar die Hütte, aber die Wärme verschwindet durch den Schornstein, darum strapaziert sie sowohl ihre Geduld als auch die Paraffin- und Robbenfettvorräte. Nach einigen Stunden schafft sie es dann doch.

Als sie die erste Tasse Kaffee in ihren Händen hält, ist es bereits pechschwarze Nacht draußen. Sie trägt sowohl eine Lederweste als auch einen Lederhut, denn der Ofen raucht immer noch, und in der Hütte ist es noch immer eisig kalt. Sie zieht die vor Kurzem genähten Vorhänge zu, doch das Unbehagen bleibt. Draußen pfeift und dröhnt es, Sturm und Brandung rauschen, und die Hütte ist undicht.

So geht es Tag für Tag.

»Langsam fangen meine Hände an zu zittern. (…) Angesichts eines so starken arktischen Sturmes wird jeder Mensch wieder zum primitiven Menschen, klein und voller Ahnung.«

Christiane weiß nicht mehr, wo oben oder unten ist, bei sich selbst und der Hütte, die inzwischen eingeschneit ist. Sie befürchtet, ihre Persönlichkeit könnte sich auflösen. Sie erkennt nichts, das sie als Person am Boden hält. Sie arbeitet weiter, denn sie bemerkt, dass es das Einzige ist, was sie beruhigt. Schneeschaufeln, sich daran machen rauszukommen. Tagtäglich, woher sie die Kraft nimmt, weiß sie selbst nicht, es ergreift sie eine »Art wilden Draufgängertums, das mich täglich von neuem packt.«

»Zum erstenmal erkannte ich, daß die Dinge in der Einsamkeit einer überstarken Natur einen anderen Sinn haben, als wir ihnen in unserer Welt voller beständiger Wechselbeziehung von Mensch zu Mensch gegeben haben. Ich ahnte, daß einem Menschen die Behauptung seines gewohnten Menschentums in der Arktis in manchen schwerer werden mag als die Erhaltung seines Lebens im Kampf mit den Elementen.«

Neun Tage und Nächte verbringt Christiane ganz allein, denn genau so lang tobt der Sturm.

Orkane auf Spitzbergen

Ich brate Pfannkuchen zum Mittagessen, welch Luxus, und fülle den Schneeeimer an, fege die Hütte, doch all das geht schnell. Meine Hütte ist nicht eingeschneit, das Fenster hält stand, und der Wind weht weiterhin, heult und surrt. Plötzlich habe ich einen Flashback von einem anderen Sturm, der einen Orkan im Schlepptau hatte. Wir waren im März auf einer Skitour nördlich von Spitzbergen unterwegs, und die Vorhersage versprach Kaiserwetter: eine sanfte Brise, hochstehende Sonne für Traumverhältnisse. Wir waren zu siebt, alle zusammen erfahrene Berg-

fexe, die unter blaugrauem Himmel und der alleserleuch-
tenden weißen Kugel ihre schweren Schlitten schleppten.
Es war unser zweiter Skitag, wir waren am nördlichsten
Zipfel Spitzbergens, fünfzig Kilometer von der nächsten
Straße entfernt, und sollten noch wochenlang unterwegs
sein. Das Mittagessen an diesem zweiten Tag verlief noch
windstill, doch danach zog der Sturm auf. Als wir unser
Lager aufschlugen, war die Temperatur bereits beträcht-
lich gesunken, und statt Pulverschnee landete nun schwerer, nasser Betonschnee auf der Erde. Wir arbeiteten hart
daran, zumindest zwei unserer Zelte schneefrei zu halten.
Und noch lachten wir, hatten noch keine Angst. Der ganze
Schnee des Gletschers und der Welt kam nun gefühlt hier
an, doch der Schneesturm würde sicher bald abflauen, ja,
er sollte doch angeblich abflauen, irgendwann würde er
abflauen. Über dem weißen Inferno erhaschten wir von
Zeit zu Zeit einen Blick auf den Himmel, diesen verdammt blauen Himmel. Wo kam dieser Wind bloß her,
ich meine, ich hatte Wind immer geliebt, doch das war
auch mir nun zu viel.

Der Abend kam und die erhellte Nacht ging aufwüh-
lend weiter; Stunden, Gedanken und Fokus wurden in
Fetzen geweht, wir verließen das eine Zelt, weil die Zelt-
stangen brachen, nach einer Weile erkannten wir, dass
wir auch das andere Zelt nicht von diesem elendigen Betonschnee befreien konnten. Inzwischen hatten wir
Sonntagmorgen und hielten den Koordinator in Longyearbyen per Satellitentelefon auf dem Laufenden. Wir
überlegten, eine Hütte in zwei Kilometer Entfernung auf-

zusuchen, waren jedoch skeptisch, ob wir zurechnungsfähig genug für die Tour waren. Wir versuchten Skistöcke auszugraben, die in einer Zeltleine mit einem Ski verheddert waren, der kaum sichtbar aus dem Schnee ragte. Der Rest unserer Ausrüstung war bereits einbetoniert, wir konnten nichts mehr machen. Genau da wurde alles schwarz.

Ein großes Schwarz. Ich wurde in die Überreste eines Zeltes gezerrt, der Wind heulte, und jemand zog mir die klitschnasse Kleidung vom Leib, verdammt, dachte ich, als ich wieder zu mir kam. Echte Helden und Heldinnen werden nicht gerettet, sondern retten sich selbst oder andere oder sterben eher, als umzukippen.

Wir warteten weiter beim Zelt und setzten einen Notruf ab. Wir waren schon mehrere Winternächte unterwegs gewesen, aber so etwas war uns noch nie passiert. Später erfuhren wir, dass dieses Tal als Trichter fungierte, der den Wind verstärkte, außerdem wurden Theorien über Eisregen und Turbulenzen bei Hinlopen und dem Sorgfjorden aufgestellt. Der Hurrikan sollte noch einen ganzen Tag andauern, aber das war uns da draußen noch nicht bewusst. Wir buddelten, um uns warm zu halten, um nicht zu erfrieren. Es war ungefähr halb zwei, und wir mussten um die vierzehn Stunden gegraben und dreißig Stunden nicht geschlafen haben und waren nach der Tour unterkühlt. Die Landschaft war um zwei Meter höher, der Schnee steinhart. Da hörten wir den Helikopter. Kurz und bündig: Alles ging gut, sodass wir nur eine kleine Notiz in der Lokalzeitung wert waren – glücklicherweise!

Ein paar Tage später wurde mir von Wind übel, bereits beim Anblick einer leichten Brise, die mit dem Schnee vor dem Fenster draußen leicht Walzer tanzte. Der Ernst der Lage hatte den Körper im Nachhinein infiziert, er reagierte, indem er nicht mehr funktionierte. Mir war schwindelig, und ich fühlte mich tonnenschwer.

Und gleichzeitig verdammt glücklich und unglaublich dankbar, dass wir gerettet worden waren. Demütig, etwas daraus lernen zu können, schließlich leuchtet das Licht der Neugier im Nachhinein am hellsten. Was hätten wir tun können? Hätten wir das Zelt früher verlassen sollen? Eine Landkarte entwerfen, auf der unsicheres Meereis und Polarbaks, also Treibeis vom Meer, eingezeichnet sind? Hätten wir eine präzisere Wettervorhersage gebraucht, oder gibt es Wetterlagen, die selbst wenn man alles richtig macht, unsicher sind?

Natürlich hätten wir gar nicht erst hingehen sollen. Hätte, hätte, Fahrradkette. Ist mir schon klar, ich wusste auch davor, dass es Orkane gibt. Ich weiß, dass ich irgendwann sterben werde. Trotzdem wird mir von Wind seitdem immer ein bisschen übel. Einige behaupten, Wind triggere das Nervensystem auf eine ähnliche Weise wie Dunkelheit, Phobien und Ängste, denn alle hängen mit Urängsten zusammen, bei denen die Alarmzentrale des Körpers benachrichtigt wird, weil es tatsächlich, und das muss ich zugeben, Wetter gibt, bei dem man nicht draußen sein sollte.

Die alten Jäger auf Spitzbergen wussten, dass wenn es hart auf hart kommt, auch gute Kleidung nicht hilft und das Sprichwort »Es gibt kein schlechtes Wetter, nur schlechte Kleidung« nur meistens gilt. Die Natur sitzt immer am längeren Hebel. Bei so einem Wetter sollte sich niemand draußen aufhalten.

»Ein Mensch gewinnt nicht gegen die Realität der Natur, gegen einen Sturm«, sagte der erfahrene Überwinterer Odd Ivar Ruud.

Vielleicht hätte es uns auch nichts gebracht, drinnen abzuwarten, denn wie viele haben ihr Leben in elenden kleinen Hütten oder auf See verloren? Einige verschwanden einfach, verliefen sich in Wind und Dunkelheit, die eigentlich zu ähnlichen Bedingungen führen und Wanderungen im Großen und Ganzen schwierig, unmöglich oder gefährlich machen, auch dort, wo es keine Gletscherrisse, Erdrutschgefahr oder unsicheres Eis gibt.

Woher kommt der Wind?

Wind ist Luft in Bewegung, Luft, die sich umwälzt. Der Staatsmeteorologe am Meteorologischen Institut Norwegens, John Smits, erklärt mir, dass unsere Atmosphäre ständig damit beschäftigt ist, Unterschiede auszugleichen. Sie hat es gern gemäßigt: gleichmäßige Temperatur, gleichmäßiger Druck, überall. Doch sie wird ständig in diesem Bestreben gestört, durch die auf- und untergehende Sonne, die unterschiedlichen Landschaften wie Meer, Berge und Fjorde. Unermüdlich arbeitet sie weiter, denn was sie unter anderem tun kann, ist durch Luftbewegungen die durch die Erderwärmung verursachten

Temperaturunterschiede und daraus resultierenden Temperaturschwankungen auszugleichen. Und wie? Durch Hoch- und Tiefdruckwechsel.

Smits erklärt mir, dass es seit Anbeginn der Messungen im Jahr 1965 etwas mehr Wind gibt, jedoch keine annähernd so starke Steigerung wie wir sie im Zusammenhang mit Temperatur und Niederschlägen beobachten können.

Wann der Wind gefährlich wird, hängt davon ab, wer und wo man ist.

Eine erfahrene Kitesurferin kann im Sturm am Bergsee segeln, während ein Hobby-Bootsbesitzer, der fünfmal jährlich im Oslofjord schippert, schon bei einer leichten Brise in Not geraten kann. Im Bundesland Østlandet wird der Alarm ausgerufen, wenn es an die 20m/s geht, weil Bäume umfallen, Dächer, Trampoline und anderes geflogen kommen könnten. Im Westen und Norden Norwegens hat sich das meiste von dem, was mitgerissen werden kann, bereits gelöst, also gilt ein steifer Wind nicht als Gefahr, erläutert Smits.

Näher am Meer ist der Wind stärker, trifft er aber an der Küste auf Widerstand – Bäume, Senken, Täler – wird er bis zum Landesinneren abgebremst. Erreicht er jedoch einen Berg, der ihm nackt, glatt und mit weniger Reibung entgegensteht, kommt seine volle Stärke zurück. So genannte »Wetterseiten«, die als besonders windgepeitscht bekannt sind, können zum Beispiel hervorstehende Landzungen oder Inseln mit erhobenen Bergen sein.

Der Wind wird ganz einfach von dem beeinflusst, worauf er trifft. Außerdem wird er immer stärker, je näher

man der Atmosphäre kommt. Unterschiedliche Wolken-
formationen können uns darum vor Wind warnen.

Christiane

Irgendwann kamen die Männer zurück nach Gråhuken,
doch der Stürme gab es noch einige. Eines Tages erspäht
Karl einen Ring um den Mond, was auf Schlechtwetter
hindeuten soll. Tatsächlich: Nachdem sie den Mondring
gesehen haben, bricht der Sturm mit seiner explosiven
Kraft durch. Wie wir wissen, gibt es nicht viel Reibung in
der kargen Landschaft auf Spitzbergen.

Immer wieder kommen die Stürme. Einmal ist es Hermann, ihr Mann, der sich irgendwo allein draußen her-
umtreibt, als der Sturm über sie hereinbricht. Christiane
liegt nachts wach. Sie fragt sich, ob man bei diesem Sau-
wetter aufrecht gehen kann oder wie ein Holzspan hin-
und her geschleudert wird?

»Jeder, der sich da hinauswagt, ist verloren! Das Don-
nern des Sturmes und des Meeres ist wahnsinnig. (…) Die
ganze Nacht wütet die finstere Hölle.«

Die Stürme kommen immer öfter.

Bald wieder Nacht

In Finse wird der Mittwoch davongeblasen, der Wind
braust und surrt, die Stunden schlurfen in ihrem eigenen
Tempo vor sich hin, ich sitze auf der Fensterbank und beobachte das Draußen, lese, versuche zu schreiben. Immer-

hin ist mir nicht mehr so übel. Als der Wind eine kurze Pause macht und etwas später sogar dreht, schleicht sich meine Angst vor der Dunkelheit heran, aber ich fürchte mich nicht so sehr, wie ich es von mir kenne. Immerhin konnte ich auf mysteriöse Weise die letzten Nächte schlafen, indem ich die blaue Stunde wirklich ernst nahm und meinen Körper zur Ruhe kommen ließ. Es gilt also: kein Licht anmachen, auf alles scheißen. Um das Ritual zu wahren, setze ich mich wieder auf das Sofa und schaue raus, häkle, und lege Holz nach, als das Feuer im Ofen schwächer wird. Bei einem solchen Sturm wird es drinnen viel schneller kalt. Als der Wind nachlässt und es langsam dämmert, sehe ich die Außenlampe der Nachbarn wieder. Sie stört mich immer noch, nervt aber nicht mehr so sehr wie gestern. Sollte dem Fenster etwas passieren, ist es beruhigend zu wissen, dass es noch andere Hütten als Zuflucht gibt.

Was im Gehirn passiert, wenn es dunkel wird

Bei Dunkelheit werden die Pupillen größer, um mehr Licht hineinlassen zu können. Wenn die Fotorezeptoren im Auge weniger Licht wahrnehmen, wird der erbsengroßen und über dem Mittelhirn sitzenden Zirbeldrüse ein Signal gesendet, *dass es jetzt Nacht ist*. Sobald das Gehirn kein Tageslichtsignal mehr empfängt, beginnt die Zirbeldrüse mit der Ausschüttung des Hormons Melatonin – unseres Dunkelheitshormons.

Die Ausschüttung dieses Hormons ist am stärksten

zwischen 03:00 und 04:00 Uhr nachts, und seine Produktion wird im Alter weniger. Melatonin macht uns schlafbereit, unter anderem durch das Öffnen der Blutgefäße in der Haut, sodass sich unsere Körpertemperatur verringert, denn das lässt uns Müdigkeit spüren und erhöht das Bedürfnis, sich hinzulegen.

Melatonin kann auch den Sexualtrieb beeinflussen und gilt als besonders wichtiges Antioxidans, das die Zellen vor schädlichen Mutationen schützt und dem Immunsystem hilft, nachts weiße Blutkörperchen zu aktivieren.

In diesem Bereich fand vor Kurzem revolutionäre Forschung statt: Anfang der 2000er Jahre wurde entdeckt, dass neben Bildrezeptoren, Zapfen und Stäbchen auf der Netzhaut des Auges auch eine Art Fotorezeptor sitzt und das auch noch auf einer Zellschicht, von der man dachte, sie enthielte ausschließlich Kopplungszellen und hätte keine eigene Lichtwahrnehmung.

Die Forscherteams fanden heraus, dass, wenn blaues Licht auf diese neu entdeckten Zellen trifft, eine Reaktion in Gang gesetzt wird, die die Ausschüttung von Melatonin stoppt. Auf diese Weise wurde auch festgestellt, dass die Rezeptoren generell am stärksten auf blaues Licht reagieren.

Hier handelt es sich um neu aufgetretene Probleme, denn auch wenn die Glühbirne und elektrisches Licht seit 130 Jahren verfügbar sind, spenden diese eher rotes und gelbes, beruhigendes Licht. In den meisten LED-Lampen steckt blaues Licht, welches leider nicht nur in Straßen-, Außen- und Tunnelbeleuchtung, sondern auch in allen Bildschirmen wie Tablets, Computern, Mobiltelefonen und all dem leuchtenden Zeug, mit dem wir uns umgeben, dominiert ...

Abgesehen davon, dass blaues Licht eine andere Farbtemperatur und kürzere Wellenlänge aufweist, schwingt es auch auf einer anderen Frequenz, die flackert, statt zu fließen. Einige meinen, die Farbtemperatur an sich bringe uns am meisten aus dem Rhythmus, andere geben der Frequenz die Schuld.

Insekten sterben, Menschen werden krank

Künstliches Licht stört auch Insekten und Tiere, ja alle Lebewesen. Blumen und Pflanzen schließen und öffnen sich im Rhythmus des Lichts, Tiere gehen in Winterschlaf. Bäume, die größten Pflanzen unserer Erde, werfen im Herbst Blätter ab, um Energie zu sparen und pausieren jegliche Aktivität während des Schnees im Winter. Aber woher wissen sie, wann sie ihre grünen Blätter wachsen lassen sollen, wenn der Frühling kommt? Pflanzen und Bäume nehmen schlichtweg jede Art von Licht wahr, das zurückkehrt, und bilden bei Wärme und Licht Knospen und Blätter. Künstliches Licht kann einerseits diesen Prozess stören, andererseits auch die Bestäubung beeinflussen. Studien haben ergeben, dass von Straßenlaternen angestrahlte Pflanzen zu 62 Prozent seltener von bestäubenden Insekten angeflogen wurden als Pflanzen in natürlicher Dunkelheit.

Künstliches Licht stört außerdem die Fortpflanzung von Insekten – das sollte uns wirklich zu denken geben. In den letzten vierzig Jahren haben wir Menschen uns verdoppelt, die Zahl der Insektenarten hat sich jedoch halbiert. Insekten brauchen uns nicht, wir haben ihre Hilfe jedoch bitter nötig. Die Wissenschaft prognostiziert, dass die Menschheit nur wenige Monate überleben würde, sobald die Insekten ausgestorben wären. Es gibt viele Gründe, warum Arten aussterben, einer davon liegt in der Lichtverschmutzung: diese kleinen fliegenden Wesen zieht es in der Dunkelheit nämlich zum Licht, darum sollte man an dunklen Frühlings- und Herbstabenden immer das Fenster schließen. Die Haupttheorie ist, dass sie glauben, das Licht sei der Mond und darum kreisförmig um das Licht fliegen. Mit der zunehmenden Nutzung von individueller Außenbeleuchtung läuft dieses Problem aus dem Ruder, denn zu viele kleine Krabbel- und Flugtierchen kreisen so in ihren sicheren Tod. Obwohl einige städtische Insekten im Begriff sind, ihr Verhalten zu ändern, werden in jeder Jahreszeit hundert Millionen Insekten in den großen Städten getötet, wie Studien belegen.

Auch auf See beeinträchtigt Licht die Natur. Beispielsweise werden Vögel beim Überqueren der Nordsee oft von leuchtenden Ölplattformen getäuscht, fliegen um die schwebenden Lichtquellen, bis sie vor Erschöpfung nicht mehr ihr eigentliches Ziel erreichen können.

Kunstlicht schadet jedoch nicht nur fliegenden Lebewesen, auch Raubtiere werden bei der Jagd gestört und Frösche können stundenlang von einem vorbeifahrenden Auto geblendet sein. Wenn es in erleuchteten Gemeinden und Städten so schwer wie beschrieben ist, Sterne zu sehen, haben manche Tiere Probleme, sich zu orientieren.

Frisch geschlüpften Meeresschildkröten kann es schwerfallen, durch ihre gewohnte Technik mithilfe von Mondlicht und Sternennavigation, den Weg zurück ins Meer zu finden. Auch Mistkäfer, die immer schon Wege anhand der Milchstraße navigieren, können vom Weg abkommen, wie schwedische Forscher und Forscherinnen herausfanden, als sie den *Scarabaeus Satyrus* studierten, einen kleinen afrikanischen Käfer. Er arbeitet nachts und rollt kleine Dungkugeln, die er sowohl als Vorratskammer als auch als Brutstätte für seine Larven verwendet. Für dieses Vorgehen ist Ruhe wichtig, vor allem Ruhe vor anderen Käferarten, weswegen die Navigation der Kugeln ohne Umschweife essentiell wäre. Normalerweise sind die Käfer Profis darin, auch nachts, doch durch das Kunstlicht sind die Käfer so irritiert, dass sie sich auf ihre Dungkugeln stellen und eine Art Tanz aufführen, als wollten sie tastend herausfinden, wo sie sich befinden.

Diese Experimente zeigten, dass die Käfer sich anhand von Licht orientieren. War der Mond nicht sichtbar, nutzten sie die Sterne und selbst bei Bewölkung half ihnen das Licht der Milchstraße auf den richtigen Weg.

Die meisten Tiere und Pflanzen folgen ebenso ihren circadianen Rhythmen wie wir Menschen, das bedeutet, dass sie genau die richtigen Dosen an Licht und Dunkelheit brauchen. Sowohl die Erderwärmung als auch die Umstrukturierung von Flächen und Lichtverschmutzung verursachen Probleme für die biologische Vielfalt. Eine Reihe von Studien belegt, dass Nachtarbeit und künstliches Licht kurz vor dem Schlafengehen negative gesundheitliche Auswirkungen auf uns Menschen haben können. Die Frequenz und Temperatur des Lichts wird schon lang mit Schlafentzug und Depression in Verbindung gebracht, vor allem seit der gestiegenen Bildschirmnutzung unserer Gesellschaft. Ein umfassender Bericht aus dem Jahr 2012 zeigt, dass die Probleme immer umfangreicher werden. Zu den Auswirkungen von künstlichem Licht auf Menschen gehören eine höhere Wahrscheinlichkeit, an krankhaftem Übergewicht, Brustkrebs, Diabetes, verfrühter Pubertät und Depression zu leiden.

Orange Brillen, die Kunstlicht ausblenden

Der Einsatz von Licht in der Therapie ist ein alter Hut, inzwischen ziehen wir aber auch Dunkelheit als Behandlungsmethode in Betracht. Anfangs wurde getestet, ob man Menschen den circadianen Rhythmus zurückgeben kann, indem man sie über eine bestimmte Zeitspanne freiwillig in völlig lichtdichten Räumen unterbrachte. Dabei hatten die Schichtarbeitsforschenden eine geniale Idee: Brillen, die den circadianen Rhythmus der Menschen schützen, die nachts arbeiten müssen. Orangefarbene Gläser können blaues Licht filtern, wodurch die Melatoninproduktion trotz all dem künstlichen Licht, dem wir uns aussetzen, nicht gestoppt wird. Der Psychiater James Phelps spann die Idee mit Patienten mit einer bipolaren Störung und Schlafstörungen noch weiter: Wie wäre es, die zuerst getesteten Dunkelräume durch orangefarbene Brillen zu ersetzen?

Im Krankenhaus Valen, wo der Dichter Olav H. Hauge untergebracht war – das erste norwegische Krankenhaus mit Elektrizität –, lief zwischen 2012–2015 eine Studie, die genau damit arbeitete. Verblüffende Resultate waren das Ergebnis: Manischen Patienten und Patientinnen und Menschen mit Schlafstörungen, die davor monatelang vergeblich medikamentöse Behandlung versucht hatten, ging es in nur einer Woche deutlich besser, indem sie ihre Lichtaufnahme regulierten und Brillen trugen. Sie fanden heraus, dass die manische Überaktivität wegfiel und die Schlafqualität erheblich stieg, wenn nach 18:00 kein blaues Licht mehr auf die Netzhaut traf.

Die norwegische Ärztin Tone Elise Gjøtterud Henriksen, die an diesem Projekt arbeitete, erntete viel Aufmerksamkeit und Anerkennung für ihre Forschung. In einem ihrer Artikel beschreibt sie, dass eine solche Brille sowohl für Schichtarbeitende, Erwachsene mit ADHS, nachts gern zockende Jugendliche, wochenbettdepressive Mütter und alle hart arbeitenden Menschen, die abends noch schnell etwas fertigbringen wollen, hilfreich wäre.

Wie relevant diese neuen Erkenntnisse sind, wird oft verkannt, denn immer noch werden tonnenweise Melatonintabletten an Jugendliche mit Schlafproblemen verschrieben und viele hyperaktive Patientinnen und Patienten in stark beleuchteten Räumen mit wenig Lichtabschirmung behandelt.

Tone Elise Gjøtterud Henriksen erzählt mir noch mehr über die Bedeutung unseres Melatoninhaushaltes, nämlich dass er den circadianen Rhythmus in unserem ganzen

Körper synchronisiert. In jeder Zelle unseres Körpers befindet sich eine kleine innere Uhr, die vom Dirigenten Melatonin gelenkt wird, der dafür sorgt, dass alle Zellen im gleichen Takt arbeiten und ruhen, wenn das Signal kommt, dass es nun Nacht ist.

»Welche Rolle spielen dann Sommer und Winter bei diesen Prozessen?«, frage ich sie.

»Unser Auge und unser Gehirn passen sich ständig an, außerdem ist jeder von uns sehr individuell in seiner Lichtempfindlichkeit. Unsere eigene ›Lichtgeschichte‹ macht viel aus«, antwortet sie.

Hierbei beeinflussen sowohl der erste Lebensmonat als auch der gestrige Tag, die letzte Woche und der letzte Monat uns stark. Damit ist gemeint, dass unser ganzes System empfindlicher wird, wenn im Winter weniger Licht zur Verfügung steht, weswegen wir mehr Dunkelheit brauchen, um Melatonin zu produzieren, während es im Sommer weniger schnell reagiert und wir auch mit mehr Licht zurechtkommen.

Tone Elise Gjøtterud Henriksens ganze Familie benutzt daher im Winter orangefarbene Brillen, um das blaue Licht auszugleichen; im Sommer logischerweise nicht.

»Im Winter gibt's zum Zähneputzen die Brillen auf«, erklärt sie.

Zwei Stunden vor dem Schlafengehen wird alles orange.

»Dunkelheit ist inzwischen ein seltenes Gut, und der Einsatz von künstlichem Licht eskaliert mit einer Geschwindigkeit, auf die wir keinen Einfluss haben. 2007 kam das erste iPhone auf den Markt, inzwischen hat jeder ein Smartphone. Seit dem Glühbirnenverbot im Jahr 2012 umgeben wir uns ständig mit LED-Lampen. Ein passender Vergleich dazu wäre, wenn sich alle von einem auf den anderen Tag unglaublich ungesund ernähren würden«, fasst sie zusammen.

Sie denkt eigentlich, dass man mit orangefarbenen Brillen nur zurück zu dem Zustand vor der Bildschirmflut und den vielen LED-Lampen kommen kann.

»In einem künstlich beleuchteten Alltag spüren wir unverhältnismäßig wenig Unterschied zwischen Tag und Nacht, und genau das stört uns, denn diese Gleichheit ist unphysiologisch und kann zu körperlichen Problemen führen.«

Denn unser Körper hat nachts und tagsüber unterschiedliche Aufgaben zu bewältigen, und alle davon sind gleich wichtig. Nachts haben die Muskeln weniger zu tun, und auch der Darm und der Magen ruhen sich verhältnismäßig aus, indem sie rasten, reparieren und neue Kraft tanken. Währenddessen bewirkt Melatonin die Erweiterung unserer Blutgefäße an Händen und Füßen, damit uns warm genug bleibt. Tagsüber sinkt die Temperatur unserer Fingerspitzen und Zehen wieder, aber sobald die Temperatur ausgeglichen wird, wird dieses Signal der Müdigkeit und Nachtruhe gesendet und wahrgenommen.

Genau an diesem Punkt geschieht meist das Unheil: Das blaue Licht schleicht sich auf unsere Sofas und in unsere Betten, oft sogar mitten in der Nacht. Zwischendurch aufwachen und die Uhrzeit checken, vielleicht sogar ohne den Nachtmodus mit wärmerem Licht aktiviert zu haben; sich unbewusst schnell mal durch die letzten Statusupdates aller Tanten und Freunde scrollen, zur Entspannung Instagram aufrufen – und schon gehen die Probleme los.

Inzwischen haben wir bereits gelernt, dass nur eine Sekunde blauen Lichtes auf den Rezeptoren der Netzhaut Signale an die Alarmzentrale im Gehirn sendet, die ›Wach auf!‹ schreien, und schon hört die Melatoninausschüttung auf.

»Bereits ein paar Minuten harmlosen Surfens und Scrollens rauben uns eine beträchtliche und wichtige Dosis des Schlafhormons«, erklärt die Wissenschaftlerin.

Die Frequenz und Temperatur des blauen Lichts aktivieren außerdem unser Stress-Nervensystem, auch sympathisches Nervensystem genannt, das ebenfalls bei Angst aktiv wird, weswegen es daraufhin lang dauern kann, bis wir wieder Ruhe finden.

»Gibt es eine konkrete Kurzfassung davon, wie wichtig die Dunkelheit und das Licht, eigentlich das Gleichgewicht zwischen den beiden, sind?«, will ich wissen.

»Ich muss sagen, dass wir dieses Thema viel zu lang ignoriert haben, sodass wir gerade erst in Begriff sind, uns aller Konsequenzen bewusst zu werden«, antwortet sie mir.

Tone Elise Gjøtterud Henriksen erwähnt ein paar solide Studien dazu, unter anderem aus Israel. Darin konnte gezeigt werden, inwiefern die Entstehung von Brustkrebs damit zusammenhängt, wie viel Licht man nachts ausgesetzt ist. Die Patientinnen wurden befragt, wie viel Straßenbeleuchtung vor ihrem Schlafzimmerfenster strahle und wie hell sie diese einschätzten. Zusätzlich wurde eine starke Verbindung zwischen Krankenpflegerinnen, die Nachtschichten übernahmen, und dem erhöhten Risiko für Brustkrebs nachgewiesen.

In der Psychiatrie sieht Tone noch große Forschungslücken, obwohl der Einsatz von Dunkeltherapie bisher große Wirkung zeigt.

»Wir ähneln den Pflanzen mehr, als wir dachten«, witzelt sie.

Ich frage sie, ob sie die ständig steigenden Zahlen an Depressionen und die hohe Suizidrate Norwegens mit all dem in Verbindung bringen würde, vor allem mit dem extremen Ausmaß an künstlicher Beleuchtung im Winter.

»Das befürchte ich durchaus, jedoch wurde dazu noch nicht geforscht, denn das wären ziemlich anspruchsvolle Studiendesigns«, antwortet sie.

Auf die Statistiken depressiver Erkrankungen haben wir jedoch Zugriff, und sie zeigen ganz klar, dass innerhalb der Gesamtbevölkerung und vor allem unter den jungen Menschen alle Arten von Depressionen zunehmen.

»Kann jeder Mensch, auch ohne vorheriges Arztgespräch, diese Brillen anwenden?«

»Man muss bedenken, dass die Brillennutzung das Gehirn in den natürlichen Nachtmodus schickt, weswegen Autofahren oder andere riskante Aktivitäten damit oder danach natürlich Tabu sind. Außerdem ist darauf zu achten, dass sie nach und nach in ihrer Einsatzdauer gesteigert werden, jedenfalls aber nicht früher als zwei Stunden vor dem Zubettgehen. Mit diesen Regeln sollte deren Nutzung sicher sein.«

Tone würde die orangenen Brillen auf Rezept befürworten.

Das würde sich positiv auf ihre Forschung und somit auf ihre Doktorarbeit auswirken, aber wichtiger noch: ein Land nach dem anderen wendet die Dunkeltherapie mit den Brillen bereits erfolgreich an.

Und siehe da: Die Medikamenteneinnahme geht genau in diesen Ländern zurück. Bei welchen Erkrankungen genau die Brillen helfen können, wird noch erforscht, doch die Erfolgsliste wird stetig erweitert.

Sie und weitere Wissenschaftlerinnen und Mediziner würden uns gern einen neuen Begriff mitgeben: Lichthygiene.

»Wenn ich mir vorstelle, dass alle für sich selbst ein wenig bewusster und konkreter darüber nachdenken, wie sie sich und ihren Körper Dunkelheit und Licht aussetzen, bin ich mir sicher, dass wir uns selbst viele Erkrankungen und der Erde viele Ressourcen sparen könnten«, erläutert sie.

Ich danke ihr für diese wichtige Pionierarbeit, auch wenn dieser Begriff pathetisch klingt, doch in vielerlei Hinsicht zeigt er, welche Vorreiterrolle ihre Forschung einnimmt.

Nun bleibt zumindest zu hoffen, dass all diese Forschung zu den Effekten von Licht zu einem Umdenken führt, was die Innen- und Außenbeleuchtung der Zukunft betrifft, und dass wir zumindest unser persönliches medizinisches Bewusstsein durch dieses Wissen geweckt haben. Vielleicht entdecken wir ja auch mit der Zeit, dass all diese Bildschirme und Lampen über einen Ausschaltknopf und vielleicht sogar einen Dimmschalter verfügen ... oder dass es in Ordnung ist, den Stecker zu ziehen und sowohl Müdigkeit als auch Dunkelheit zuzulassen, wenn der Abend kommt.

Unser Körper – ein einziges Wunder, über das wir so viel und doch so wenig wissen. Genau wie vom Universum, diesem unendlichen Raum.

Sturm und Sterne

Nun ist also auch der Mittwoch mit seiner Dämmerung untergegangen. Ich weiß, dass das Licht morgen wiederkommen wird, und auch wenn ich mich nicht mehr so stark fürchte, spüre ich die Unruhe in meinem Bauch aufsteigen. Wirklich gut kann ich damit immer noch nicht umgehen, aber ich versuche, mich auf meinen Atem zu konzentrieren. Tief einatmen und noch tiefer ausatmen. Ich lege mich auf den Boden, atme, schließe die Augen. Als ich sie wieder öffne, muss ich einige Male blinzeln.

Denn ja, ich höre und sehe den Wind, das schwarzweiß-graue Schneegestöber mit einer Höhe von drei bis vier Metern, doch darüber habe ich nun gute Sicht auf den gesamten Abendhimmel – und sehe Sterne. Endlich.

Starke, klare Sterne und die Milchstraße.

Der Wind hat alle Wolken weggeblasen, darum kann ich sie nun dem Wind entgegenleuchten sehen. Was für ein Anblick! Dieses neue hohe Fenster in der Hütte gibt mir das Gefühl, draußen zu sein, auch wenn ich drinnen bin. So etwas habe ich noch nie gesehen. Stünde ich vor der Tür, könnte ich aufgrund des Schneegestöbers viel weniger klar sehen, doch mir bietet sich ein weiter, tiefer Blick. Nun spüre ich, was Fosse mit seinen Worten meinte: Dass man nie tiefer blicken kann als in die Dunkelheit.

Ich genieße diesen seltenen Anblick. Ich stimme Fjeldaas voll und ganz zu, dass der Nachthimmel geschützt werden sollte. Dass die Menschen jetzt endlich aufwachen und hinschauen müssen, wie viel künstliches Licht ständig und unbedacht an ist und welche Folgen das für uns hat. Das Thema muss sofort politisch aufgegriffen werden! Auch hierzulande wäre eine Initiative für Nationalparks sinnvoll, um all das sichtbar zu machen, was ich hier sehen kann. Dieser Anblick wäre Grund genug, hierher ins Gebirge zu ziehen.

Zumindest ist dies der beste Ort für mich, um Sterne zu gucken. Die Milchstraße ist immer schon hier gewesen. Wenn der Himmel in Finse seltenerweise wolkenlos ist, leuchten die Sterne hell und klar. Ich erinnere mich noch daran, wie wir uns fünf Schichten überzogen und rausgingen, damit Papa auf etwas zeigen und uns die Gebilde da oben erklären konnte. Er berichtete, dass die Sterne von allein leuchten, weil sie wie kleine Sonnen in ihrem Inneren eigenen Brennstoff tragen, und dass Planeten, Monde und Kometen leuchten, weil sie das Licht unserer Sonne reflektieren. Außerdem erklärte er uns, dass einige der Sterne bereits tot sind und dass wir beim Sternenschauen in die Vergangenheit blicken, weil das Licht so lang braucht, um uns zu erreichen. Wir standen in der Kälte und schauten gebannt nach oben, suchten Arcturus, einen roten Stern, der so alt ist, dass er jederzeit sterben könnte. Wir suchten den großen Wagen und den genauso hellen Stern an der Verlängerung der beiden letzten Sterne des kleinen Wagens: Den Nordstern, der um die 323 Lichtjahre von der Sonne entfernt liegt und eigentlich aus drei Sternen besteht, die mehrere Namen tragen: Polarstern, Stella Polaris, Polaris.

Mithilfe des Großen Wagens und des Polarsterns ist es auch möglich, das Sternbild Kassiopeia auf der anderen Seite des Himmels zu finden. Es besteht aus fünf Sternen, die wie ein W angeordnet sind, zwei davon sind die hellsten unserer Galaxie.

Das Universum ist das größte Geheimnis unserer Existenz. Wenn wir den Sternenhimmel mit zu viel Licht aus unserem Leben ausblenden, blenden wir auch unendlich viel Wissen aus. In den Sternen liegt nicht nur unser Anfang, sondern auch unsere Fortsetzung – der Nachthimmel hat unsere Kultur und unsere Erzählungen geprägt und wird so lang existieren, wie es uns gibt. Welch tröstlicher Gedanke.

Nikolaus Kopernikus, der den Himmel im 16. Jahrhundert genau betrachtete, behauptete, die Planeten würden die Sonne umkreisen, nicht umgekehrt. Mit dieser Entdeckung legte er den Grundstein einer wissenschaftlichen Revolution, die zu vielen weiteren Entdeckungen, Paradigmenwechseln und neuen Weltanschauungen führen sollte.

Der Nachthimmel bescherte uns unsere ersten Kalender und nicht nur der Mistkäfer, sondern auch der Mensch orientiert sich seit Hunderten von Jahren räumlich nach Sternbildern, egal ob auf See oder an Land. Die Wikinger nannten den Polarstern *Leitstern*, denn mit seiner Hilfe fanden sie ihren Heimweg über das Meer in den Norden stets wieder.

Sternkarten werden immer präziser, manche davon kreisen in Form von Satelliten um den Globus und verwandeln sich so selbst in Himmelskörper und liefern uns einzigartige Bilder des Weltraums, wie er heute ist und früher gewesen sein muss. Unsere Atmosphäre stört und filtert Licht des Universums, darum nimmt ein Weltraumteleskop die besseren Bilder auf – sowohl von den Planeten unseres eigenen Sonnensystems als auch der Milchstraße, also unserer Galaxie, einem Nebel mit etwa zweihundert Milliarden Sternen, von denen viele wiederum von ihrem eigenen Planetensystem umgeben werden. Am dunklen Nachthimmel könnte die Milchstraße wie ein weißer Gürtel von Horizont zu Horizont erstrahlen, darum auch ihr Name. Wirklich unvorstellbar finde ich, dass unsere Galaxie nur eine von vielen Milliarden Galaxien mit Millionen schwarzen Löchern verschiedener Größen sein soll, was natürlich die Sichtfähigkeiten unserer Teleskope übersteigt. Und dann dehnt sie sich auch noch permanent aus … Um das Ganze verständlicher zu machen, will ich mir diese schwarzen Löcher mal anschauen. Kann man sie denn überhaupt erklären und verstehen?

Schwarze Löcher und die Dunkelheit des Universums

Sterne, die ihren Brennstoff verbraucht haben, können zu schwarzen Löchern werden. Auch wenn die Forschung eigentlich nicht an Dunkelheit im Universum glaubt, so gibt es doch schwarze Löcher – tote Sterne, die in sich zusammenfallen und schrumpfen. Je konzentrierter die Sternenmasse ist, desto größer wird auch die Schwerkraft, bis sie so stark ist, dass nicht einmal mehr Licht – mit seinen fast 300.000 Kilometern pro Sekunde das Schnellste, was im ganzen Universum existiert – davonkommt und eingesogen wird. Nun können wir uns vorstellen, dass daher der Name kam: *schwarzes*, weil nicht einmal Licht ihm entkommt und *Loch*, weil jede Materie davon angezogen und nicht mehr losgelassen wird. Alles, was ihm zu nahe kommt, wird eingesogen, auch wir, wären wir zufällig in seiner Nähe. Dann würden Zeit und Raum die Bedeutung verlieren, die wir ihnen gegeben haben.

Albert Einstein erwähnte als Erster die theoretische Möglichkeit der Existenz schwarzer Löcher, als er seine Relativitätstheorie und die Schwerkraft beschrieb, die es uns ermöglicht, den Zusammenhang dieser dunklen Wunder zu erfassen. Vor ihm dominierte die klassische

Physik mit Isaac Newton als Hauptvertreter, die behauptete, die Schwerkraft sei eine Energie, die zwischen zwei Objekten mit Masse bestehe. Einstein zeigte, dass Energie und Masse zwei Seiten derselben Medaille sind und dass Energie Schwerkraft erzeugt, nicht Masse. In seiner Theorie werden keine Grenzen genannt, wie stark die Schwerkraft oder wie kompakt Materie werden kann.

Schwarze Löcher gibt es seit Milliarden von Jahren, aber unser beschränktes menschliches Gehirn hat sie erst in den letzten fünfzig Jahren erforscht. Das Paradox, mit dem ich mich jetzt trösten kann, ist, dass schwarze Löcher aus großer Entfernung überhaupt nicht dunkel, sondern hell aussehen, weil alles, was mit dieser enormen Geschwindigkeit angesogen wird, zu leuchten beginnt.

»Die Dinge, die wir sehen, verblüffen uns immer wieder, und uns wird bewusst, dass wir voller Vorurteile sind und dass unser intuitives Bild von der Welt voreingenommen, beschränkt und unangemessen ist. In dem Maß, wie wir sie besser erkennen, verändert sich die Welt weiter vor unseren Augen«, schreibt Carlo Rovelli im Büchlein *Sieben kurze Lektionen über Physik*, in dem er einen Versuch unternimmt, all diese unfassbaren Zusammenhänge zu erklären.

Er schreibt, dass es sowohl naiv als auch kindisch von uns sei zu glauben, dieser Winkel unserer gesamten Galaxie sei etwas Besonderes, weil es unbestritten unvorstellbar viele andere Formen von erstaunlicher Komplexität da draußen im grenzenlosen Raum des Universums gibt.

Ich komme nicht umhin, mich zu fragen, ob es jemanden gibt, der sein ganzes Leben lang nie über dieses Wunderwerk nachdenkt.

Nachthimmel und dunkle Materie

Im Universum findet sich natürlich mehr Dunkelheit als nur in schwarzen Löchern. Astrophysikerinnen und Astrophysiker glauben, rund um alle Galaxien einen großen Heiligenschein mit so großer Schwerkraft erkennen zu können, dass er das Licht umleitet und Sterne anzieht. Jedoch kann man ihn nicht gezielt beobachten, und die Forschungsteams können ihn nicht zuordnen, denn er ist nicht aus uns bekannten Bausteinen wie Atomen, Neutronen oder Photonen zusammengesetzt. Er wird also *dunkle Materie* genannt, weil nicht einmal Lichtteilchen darin existieren, und diese dunkle Materie macht 24 Prozent unseres Universums aus. Außerdem gibt es da noch dunkle Energie, die einen noch größeren Teil des Universums einnimmt und über die wir noch weniger wissen, außer dass es sie geben muss und sie etwas mit der ständigen Ausdehnung des Universums zu tun haben müsste.

Schwarze Löcher sowie dunkle Materie und Energie zählen zu den Ausnahmen der astrophysikalischen Behauptung, dass es im Weltraum keine Dunkelheit gibt.

Es fällt uns leichter zu sagen, dass wir den Nachthimmel als schwarz wahrnehmen, was zwei Ursachen haben kann: Einerseits kann man behaupten, es gäbe nichts in dieser Richtung, gar nichts. Andererseits könnte es sein, dass da etwas ist, das aber so weit weg und lichtarm ist, dass unsere Augen es nicht wahrnehmen können.

96 Prozent bleiben ungelöste Rätsel

Die Forschung und Theoriebildung über unsere Erde sind ständig in Bewegung: Die Astrophysik entdeckt immer wieder neue Monde und Planeten, immer noch plagen uns große ungelöste Probleme und parallele Konkurrenztheorien, die nicht miteinander verbunden werden können.

Tatsache ist: Nur vier Prozent des Universums bestehen aus Materie, die wir kennen bzw. der wir einen Namen gegeben haben. Der Rest, stolze 96 Prozent, gelten als ungelöste Rätsel. 96 Prozent! Für mich eine sensationelle, unglaubliche, beeindruckende Zahl. Wie felsenfest sicher sich manche Menschen doch bei einigen Dingen sind, obwohl doch das Allermeiste zwischen Himmel und Erde so ein Mysterium bleibt ...

Die meisten Menschen glauben an Gott, Allah, die Sozialdemokratie, das Gute im Menschen oder die Liebe – oder zumindest an das, was wir ganz konkret um uns herum sehen können und die Wissenschaft. Na ja, vielleicht sind wir doch recht naiv in diesem Glauben? Die Wissenschaft meint leider ebenfalls häufig, dass auch alles, was wir selbst sehen können, eine Illusion sei. Dass es nichts zu glauben gibt, dass alles einfach ein sehr verschwommenes Bild eines dichten Schwarms elementarer Prozesse sei.

Die Wellenlängen, die unser Auge sehen kann, sind so lang, dass sie die Teilchen ohnehin nicht voneinander unterscheiden können.

»Bisher wissen wir über Materie: eine Handvoll Elementarteilchen, die ständig zwischen Sein und Nichtsein pendeln, die vibrieren, fluktuieren und im Raum umherwimmeln, auch wenn dort scheinbar nichts ist, und die wie Buchstaben eines kosmischen Alphabets untereinander immerfort neue Kombinationen eingehen ...«, schreibt Rovelli.

Etwas wissen wir jedoch sicher

Für einige, wahrscheinlich auch manche Forscher und Forscherinnen, ist dieses Wissen, gepaart mit all dem, was wir nicht ergründen können, so grenzenlos, dass es zu viel wird, schlicht und einfach zu viel für einen einzelnen Menschen. Etwas, worin sich die Wissenschaft jedoch einig ist, ist der Urknall, bei dem vor etwa 13,8 Milliarden Jahren unser Universum entstand. Wir wissen, dass unsere Erde Nummer drei von mindestens acht, vielleicht zehn, sich um die Sonne drehenden Planeten in unserem Sonnensystem ist. Wir wissen, dass diese Sonne in etwa fünf Milliarden Jahren sterben, zuerst jedoch wachsen und einige Planeten verschlingen wird, bevor sie erlischt und zugrunde geht. Lang vor der Sonne werden wir erlöschen, denn der Mensch ist ein Teil des ewigen Kreislaufs von Geburt und Tod. Sowohl Pflanzen als auch Planeten und Sterne und alles, was lebt, wird geboren und wächst, bevor es schrumpft und stirbt. Dazwischen pendeln und pulsieren wir durchs Leben, durch Licht und Dunkelheit, durch Ruhe und Aktivität.

Entspannt oder wühlt mich dieser Umstand auf? Darauf habe ich keine Antwort, jedenfalls spüre ich eine unheimliche Dankbarkeit für friedliche Tage, an denen nichts passiert. An denen das Telefon nicht läutet, der Himmel und die Stille mich demütig machen, ich den vereisten See betrachten kann. Dann spüre ich auch Freude über die eingeschränkte Sicht, aufgrund derer ich nicht alle Partikel in allem um mich herum und in mir selbst herumwirbeln und herumschwirren sehen kann.

Im Moment würde ich jedoch gern schärfer sehen können, denn der Abend fühlt sich spät und dunkel an, trotz des Universums und der Milchstraße. Die Schlafenszeit naht, immer noch beobachte ich die Sterne hinter dem Wind. Neben mir leuchtet eine kleine Kerze, sonst bin ich ganz allein. Niemand in meiner Nähe, weder hier drinnen noch draußen, im Umkreis von mehreren Kilometern. Es ist, als würde ich das erst jetzt begreifen. Nun fühlt sich auch die Müdigkeit wohliger an, wie ein warmer Klumpen Ruhe in meinem Körper. So schlafe ich entspannter ein, fühle mich immer leichter und segle davon, leicht und allein.

Auf dem Kissen neben mir im Bett liegt immer noch die Axt.

BERCEUSE

Schlaf ein, Kleiner, bei mir
das Leben ist ein Traum.
Dunkles Meeresleuchten vor dir
ins Land der Nacht, weg von hier.
Jeder ist allein.

Seegang und Wellen, heftig und krass:
Das Leben ist ein Traum.
Tief ist das Meer, salzig und nass,
als weinten Augen ohne Unterlass.
Jeder ist allein.

Die Nacht ist so lang, so groß.
Das Leben ist ein Traum.
Versinke in des Schlafes weichem Schoß,
träum vom hellen Tag in der Zukunft bloß.
Jeder ist allein.

Einfach sinken, hinab entschwinden!
Das Leben ist ein Traum.
Wo Schlaf und Meer sich sanft verbinden,
wird unsere Unruhe Frieden finden.
Jeder ist allein.

Einsam kreisende Welt, weit und breit.
Das Leben ist ein Traum.
Wissen nichts, doch kommen so weit

zu verstehen, dass alles Einsamkeit.
Jeder ist allein.

Lebe, Kindlein, lebe frei.
Das Leben ist ein Traum.
Bevor du dich versiehst, ist es vorbei,
bald sehnst du gebrochene Brücken herbei.
Jeder ist allein.

Träume, Liebling, Träume sehen.
Das Leben ist ein Traum.
Woher wir kommen, wohin wir gehen
Kann niemand recht verstehen.
Jeder ist allein.

Wachse weiter, kleines Senfkorn.
Das Leben ist ein Traum.
Dunkelheit bläst in unser Lebenshorn:
Vielleicht beginnt bald alles von vorn?
Jeder ist allein.

André Bjerke

TAG 4

Donnerstag

Am Donnerstagmorgen herrscht Stille, Wolken, und noch mehr Stille. Nach dem Frühstück taumle ich auf gut Glück vor die Tür in eine schneeverwehte und eiskalte Landschaft, in minus zwölf Grad und zwischen neue Wechten, eine neue Perspektive auf die Welt, die noch nie jemand vor mir gesehen hat.

Als ich mich traue, in der neuen Welt Langlaufen zu gehen, entdecke ich Fuchsspuren, Schneehühner, einen Hasen. Am vierten Tag ohne persönlichen Kontakt zu einem Menschen frage ich mich, ob ich das schon einmal erlebt habe: eine so lange Zeit ohne einen Artgenossen zu verbringen.

Christiane

Auch ihr allererster arktischer Sturm, die neun Tage, in denen sie allein war, legt sich irgendwann. Christiane Ritter verlässt die Hütte und sieht etwas Helles, blau-rosa Leuchtendes im Osten scheinen. Sie bezeichnet es als

Spiegelbild der Sonne, die langsam weit unter ihrem Horizont um die Erde kreist. Sie selbst steht verloren am Ufer und sinniert:

»Es ist, als ob mein Selbst sich auflösen würde. (…) Ich fühle die gewaltige Einsamkeit um mich. Da ist nichts, was mir gleicht, kein Wesen, in dessen Anblick mein Selbst mir bewußt bliebe, ich fühle, ich verliere die Grenzen meines Seins in dieser überstarken Natur, und zum erstenmal ahne ich das gottgewollte Geschenk des Mitmenschen.«

Die Freude an anderen Menschen. Die Freude an einem Mitmenschen. Sie hat keine Ahnung, ob ihre Männer am Leben sind, weiß nur, dass sie während des Sturms draußen gewesen sein müssen, jeder in einer anderen Ecke dieser unliebsamen Landschaft. Sie hofft, dass sie zurückkehren werden. Christiane geht wieder zurück in die Hütte und bemerkt, wie dreckig, winzig und dunkel sie eigentlich ist. Sie heizt den Ofen ein, räumt die Asche auf, holt Schnee, fegt den Boden und geht anderen Arbeiten nach, die einen in die Realität zurückholen. Sie fragt sich, warum die stille Natur sie so sehr aufwühlt und denkt, es sei, weil der beängstigende, übermächtige Sturm über sie hinweggezogen ist. Vielleicht lebt man aber auch nur im Gegensatz und Kontrast wirklich intensiv, denkt sie. Ja, vielleicht stimmt das wirklich. Sie kann immer besser nachvollziehen, warum ihr Mann sie mit Briefen in den Norden locken wollte, als sie noch zu Hause war: »Man muß allein sein in der Arktis, um sie wirklich zu erleben.«

Sie schreibt, dass die Menschen in Zukunft vielleicht die Arktis aufsuchen würden, so wie sie in biblischen Zeiten in die Wüste gingen, um nach der Wahrheit zu suchen.

Ein weißes Wintermärchen und der Versuch, mit offenen Augen zu schlafen

Nach stundenlangem Langlaufen stolpere ich, lege meine Fäustlinge auf den Stein, auf dem ich mich niedergelassen habe, und lausche. Lausche der Landschaft, die gestern noch einem Ozean des Heulens und Chaos glich. Der Himmel leuchtet immer noch blau, bleibt nun jedoch mucksmäuschenstill. All das muss ich mir leise selbst zuflüstern, um es glaubhafter und realer zu machen. Außerdem erzähle ich mir auch weniger philosophische, eher banale Dinge, die ich sonst zu meiner Reisebegleitung sagen würde.

»So eine Hasenkacke habe ich ja noch nie gesehen; schau dir mal diese wunderschöne Schaufel an!«, flüstere ich.

Ich mache ein Foto, obwohl es unmöglich ist, ein Foto von der Stille zu machen. Die Ruhe hier fühlt sich fast schon beunruhigend an. Gibt es einen Ort, der so ruhig sein kann, wie eine weiße, windstille Winterlandschaft? Und wie lange kann man allein sein, bevor man wie Christiane spürt, dass sich die eigene Persönlichkeit aufzulösen beginnt?

Ein bisschen länger als vier Tage, schätze ich.

Bevor ich wieder reingehe, hacke ich noch loses Eis von einem Vorsprung, denn mir geht langsam das Wasser aus und in Eis steckt mehr Wasser als in Schnee.

Zurück in der Hütte klopfe ich mir den Schnee ab, taue das Eis auf und mache mir daraus Kaffee. Ich habe den ganzen Tag draußen verbracht, weswegen mich ein Bärenhunger plagt, darum koche ich mir eine Gemüsesuppe mit mitgebrachtem Fleisch.

Je dunkler es wird, desto weniger Wolken stehen am Himmel, sodass die Dämmerung heute blau wirkt. Tiefblau. Ich heize ein, lese und schreibe, bis es Abend wird. Als ich mich auf die Nacht vorbereite, spüre ich keine wirkliche Angst, kann aber trotzdem nicht einschlafen.

Denn nun kann ich meine Augen nicht mehr schließen, weil der Sturm sich gelegt hat und die Wolken weg sind. Mit Decke und Kissen am Sofa beobachte ich den Mond, der über den Bergen im Osten aufgegangen ist. Wie er so auf den Berggipfeln thront, wirkt er einfach nur mächtig und gelb. Als er zu seiner Reise nach Süden ansetzt und sich von den Bergen löst, scheint er jedoch kleiner und weißer zu werden. Ich beobachte stundenlang seinen Weg gen Westen durch das große Fenster. Noch immer kann ich meine Augen nicht schließen, obwohl ich wirklich gern schlafen würde … Vielleicht kriege ich es mit offenen Augen hin? Diesen Anblick kann ich jedenfalls nicht aus den Augen lassen.

I

wenn das Herz ein Mond ist
abends
regnet es dort auch
und die Erzählung
im Körper
ist bergig
Linienbewegung
am Himmel entlang
da drinnen

II
ich kann nicht schlafen
die Müdigkeit ist
wie loses Gras
im Körper

Jon Fosse

Christiane

Mitte Dezember lichtet sich der Nebel auf Gråhuken. Wochenlang waren sie in einer raumlosen Dunkelheit herumgestolpert. Jetzt befinden sie sich inmitten des strahlendsten Tages.

Vollmond. Die Welt, die sie um sich herum sehen können, ist ihnen bekannt, jedoch komplett verwandelt. Neu.

»Herrlich, berauschend ist die mühelose Fahrt durch das gleißende Mondscheinland.«

Christiane schreibt, dass es für jede einzelne Person in Europa unmöglich sei zu verstehen, was der Vollmond dort oben sei. Es sei, als ob das Licht jedem einzelnen überallhin folge. »Unser ganzer Geist ist nur Licht, und unser ganzes Bewusstsein ruft uns zurück zum Mond.«

Mondlicht und Morgenrot

Es ist immer noch Nacht, und ich kann meine Augen nicht schließen, der Schnee leuchtet zu verlockend silbern. Ich gehe raus und fühle mich beim Pinkeln wie eine Katze mit Nachtsichtfähigkeiten. Es wäre problemlos möglich, Langlaufen zu gehen, einen Spaziergang zu machen oder andere Unternehmungen anzustellen, auch wenn es mitten in der Nacht ist. Das Mondlicht strahlt wie ein Geschenk im Dunkeln.

Als ich draußen stehe, suche ich nach Nordlichtern. Obwohl Finse eigentlich zu weit südlich liegt, habe ich dieses Himmelsphänomen hier schon einmal erspäht. *Aurora borealis* bedeutet Morgenröte des Nordens. Früher hatten die Menschen Angst vor dem Nordlicht, die Kinder wurden drinnen eingesperrt, und man bewaffnete sich zur Verteidigung gegen böse Mächte mit Gegenständen aus Eisen, damit das Unerklärliche nicht kommen und ihnen die Köpfe abhacken konnte. Besonders abgeraten wurde davon, weiße Tücher gen Himmel zu strecken.

Weiter südlich war dieses Licht noch seltener und konnte als Warnung vor Krieg, Unwetter und Elend gedeutet werden.

Die Inuit hingegen sahen im wogenden, mysteriösen Licht am Himmel ihre Vorfahren tanzen.

Es gibt sowohl Nordlichter als auch Südlichter, dieses Phänomen wird also sowohl in der Arktis als auch Antarktis beobachtet. Eine gemeinsame Bezeichnung ist Polarlicht. Die Naturwissenschaft hat uns gelehrt, dass das Nordlicht der Verdienst der Sonne ist, weil sie Teilchen mit Energie in Richtung Erde wirft und in der oberen polaren Atmosphäre, zwischen 80 und 500 Kilometer über der Erdoberfläche, prallen diese Partikel auf Gas. Das Ergebnis ist Energie in Form von Licht.

Das Energieniveau der Partikel und die Zusammensetzung des Gases bestimmen, in welchen Farben das Nordlicht schimmert.

Die dominierenden Farben, die wir mit unseren Augen sehen können, sind grün, rot und blau. Die Aktivität der Sonne entscheidet, wie stark das Nordlicht leuchtet und wann es überhaupt am Himmel erscheint. Die Magnetfelder der Erde und der Atmosphäre bestimmen, wo am Erdball es auftaucht.

Das Gebiet, in dem die Nordlichter auftreten, wird als *Polaroval* bezeichnet und ist ein Gürtel, der im Tagessektor 1-2 Grad breit und im Nachtsektor 5–10 Grad breit ist. Die stärksten und intensivsten Nordlichter sieht man nachts innerhalb dieses Gürtels, aber auch im angrenzenden Bereich sieht man das Nordlicht, meistens jedoch schwächer und weniger farbenfroh. Außerhalb dieser Bereiche entdeckt man selten Polarlichter am Himmel.

Nachts liegt das Oval etwa 23 Grad vom Magnetpol entfernt, am Tag ca. 15 Grad, darum steht es nachts über den norwegischen Bundesländern Troms und Finnmark, während es tagsüber über Spitzbergen schwebt. Das erklärt, warum es im Norden auch tagsüber möglich ist, Polarlichter wahrzunehmen und warum die Nordlichter in Nordnorwegen oft stärker leuchten als auf Spitzbergen, so wie das Tagesnordlicht auf Spitzbergen stärker sein kann als das nächtliche Polarlicht.

Eine gesteigerte Aktivität der Sonne kann das Oval erweitern, darum habe ich sowohl in Finse als auch auf Spitzbergen schon Nordlichter tanzen sehen.

Einer der besten Orte der Welt, um Nordlichter zu studieren, ist die Inselgruppe im Norden jedoch ohne Zweifel. Früher befand sich mitten in Adventdalen eine Sternwarte, etwas außerhalb von Longyearbyen. Nach und nach wurde die Lichtverschmutzung durch die Stadt und die vorbeifahrenden Autos zu stark, und sie wurde auf einen weiter weg liegenden Berg umgesiedelt.

Christiane

»Da lösen sich helle Schleier aus dem Himmel. Sie wehen wie vom zartesten Lufthauch bewegt in immer leuchtenderen Riesenwellen über den ganzen Himmel hinweg. Wir sehen den leuchtenden Rhythmus der Sphäre, bis die Schleier verschwinden, und dann sind wir kleine Menschen, die sich stumm und schwer vorwärtskämpfen durch den Sturm auf der Erde.«

Christiane Ritter schreibt viel über Nordlichter, so zum Beispiel, dass Lichtstrahlen hinausgeschossen werden, dass sie wie leuchtende Glasstäbe aussehen, die von unglaublichen Höhen hinuntergeworfen werden. Sie sähen so aus, als fielen sie kerzengerade auf sie herunter, würden immer heller, immer schärfer, leuchteten rosa, lila und grün, tanzten und drehten sich in einem wilden Tempo am ganzen Himmel um ihre eigene Achse, wehten wie Schleier im Wind und verblassten, bis sie verschwanden.

»Alle meine Sinne sind draußen in dem wirbelnden, magischen Licht in der unglaublichen Schönheit der arktischen Nacht.«

TAG 5

Freitag

Auch am fünften Tag wird es Morgen, wird es hell draußen. Keine einzige Sekunde habe ich ein Auge zugemacht, denn als der Mond vorbeigezogen war, leuchteten die Sterne umso stärker. Ich beobachtete Sterne, Satelliten und Sternschnuppen, die sich in Luft auflösten, als die Morgenfarben auftauchten.

Inzwischen wird es nicht mehr nur hell, sondern rot, orange, gelb und über den Bergen sogar rosa und lila. Während die Farben explodieren, denke ich: Man stelle sich vor, wie viel Angst ich anfangs hatte. Mitten in den mir so bekannten Bergen, die immer da waren, wie der Schnee, wie ich, die ich hier drinnen in Sicherheit bin.

Auch wenn wir uns hier in der vorweihnachtlichen Winterzeit befinden, sehe ich gerade die Februarfarben Spitzbergens vor mir, wie ich sie von besten Wetterverhältnissen kenne, wenn das Licht dort oben wiederkehrt. Damals schienen die Tage und die ganze Polarwelt blau und aus dem Sonnenaufgang wurde ohne Erscheinen der weißen Kugel der Sonnenuntergang. Die Berge durften die ersten Strahlen auskosten und färbten sich satt leuchtend rosa. An einem solchen Februartag sprachen wir, an der Bettkante sitzend, darüber, wie schnell der Tag dahinflog, und eines meiner Kinder sagte:

»Mama, du bist schöner als die Berge, wenn sie rosa sind.«

Ich weinte innerlich, lächelte äußerlich und hob diesen Schatz sanft in mein Herz, holte ihn hervor, wenn ich Zuspruch brauchte, zum Beispiel als die Kinder älter wurden und jetzt, wo sie bald coole Jugendliche sind und auf ihre eigenen Planeten verschwinden werden. Hole ihn hervor, wenn ich sie vermisse.

Im darauffolgenden Monat, am 8. März, dem Weltfrauentag, kam die Sonne nach Longyearbyen zurück und wärmte die Treppe des ehemaligen Krankenhausgeländes. Da begann die Sonnenfeier und dauerte eine Woche lang.

Gleich werde ich zum ersten Mal während dieses Besuches die Sonne sehen. Ich weiß, dass sie ungefähr auf 10 Uhr über dem Berg im Südosten aufgehen und dass das Licht der Sonne etwa acht Minuten davor zu sehen sein wird. Ich weiß, die Kugel wird es kaum schaffen, die nächsten Stunden über dem Berg auszuharren, und ich muss wirklich zugeben, eines der besten Dinge am Umzug von Spitzbergen in den Süden ist, dass die Sonne jeden Tag aufgeht und abends wieder untergeht. Das ist mir heilig. Ich nehme es tagtäglich wahr und bin jedes Mal dankbar dafür, seit wir umgezogen sind.

Dass es immer wieder hell wird, dass es immer wieder dunkel wird. Welch ein Glück!

Christiane

Am 9. Januar klärt es auf Gråhuken endlich, nach einer gefühlt unendlich langen Dunkelheit, auf. »… und zum erstenmal sehen wir um die Mittagszeit am südlichen Horizont einen schmalen, schwachen, rötlichen Schein. Wir sind ganz wild vor Freude: Ist auch vielleicht die Welt in Flammen aufgegangen, die Sonne existiert noch, und die Erde geht ihre gewohnte Bahn!«

Dem rötlichen Schein folgen Stürme und wieder einige Tage der dunkelsten Nacht. Es war ein harter und schlechter Winter für die Fänger auf Gråhuken gewesen, wenig Beute, aber am Ende des Monats trägt der Himmel im Süden zumindest wieder Farben, obwohl er sich gleichzeitig mit Sternen schmückt.

»Wir sehen uns das erstemal bei Tageslicht und sind ganz entsetzt. Hellgelb wie Kellerpflanzen sehen wir aus, schlaff und welk ist die Haut.«

Trotz der Rückkehr der Sonne ist es eisig, denn Februar und März sind die kältesten Monate im Norden. Von der Temperatur ausgehend, ist nun also erst der Winter eingekehrt. Zum Ende des Monats herrscht trotzdem Feststimmung. Christiane, Hermann und Karl stehen auf dem Meereis und folgen dem Spiegelbild eines Lichts über den Bergen. Genau DORT sehen sie ein helles Licht zwischen den Berggipfeln erstrahlen. Dann wandert die Spiegelung weiter nach Westen. Für einen Augenblick konnten sie die Sonne sehen. Daraufhin trifft auch schon der Frühling auf Gråhuken ein, die Stürme legen sich, und Christiane verweilt in der Stille mit der ruhenden Sonne über der lautlosen Landschaft.

»Ich meine dem Wesen aller Natur nahe zu sein (…) ich ahne das letzte Geborgensein, vor dem alle menschlichen Vernunftschlüsse in nichts zerrinnen.

Ob sich die Menschen in Europa wohl eine Vorstellung machen können von dem tiefen Frieden und der Schönheit dieser gigantischen Eiswildnis? In der Sonne, wenn alle Stürme vorbei sind?«

Sie schreibt, dass es zwar möglich sei, in einer Enzyklopädie nachzuschlagen und über die wunderbare Polarwelt zu lesen, es ihr aber absolut unmöglich scheint zu begreifen, wie ruhig, klar und hell sich ein Mensch unter diesem strahlenden Himmel fühlen könne. Sie fühlt sich zu Hause.

Schlaf jetzt

Mir war wirklich bange, aber mit dem Morgengrauen hat sich die Angst gelegt. Ich war allein, habe versucht, meine Augen für die Dunkelheit zu öffnen – und verstehe nun, wie wichtig sie für uns ist. Außerdem hat mir das Schreiben geholfen, es mir von der Seele zu reden, und nun ist es beinahe Tag, und die Sonne lugt bereits ein wenig hervor.

Jetzt kann ich die Axt wieder an ihren Platz legen und den Zug nach Hause besteigen.

Zuerst werde ich schlafen – zumindest bis morgen.

EPILOG

CHRISTIANE: Christiane Ritter verbrachte im End-
effekt mehr Zeit auf Spitzbergen, als sie geplant hatte
und erlebte den gesamten arktischen Sommer dort, bevor
sie zu ihrer Tochter auf das Festland zurückkehrte. Ihr
Buch »Eine Frau erlebt die Polarnacht« erschien 1938 und
wurde in Europa zum Bestseller. Erst 2002 wurde es in die
Sprache Spitzbergens, ins Norwegische, übersetzt. Mir fiel
das Buch im Zusammenhang mit einer Skitour auf Gråhuken in die Hände, und es weckte in mir sofort eine
große Neugier.

Die Übersetzerin Karen Ragna Nessan verschaffte mir
Zugang zu all den Briefen, die sie von Christiane beim
Übertragen ins Norwegische gefunden hatte. In einem
schrieb Christiane, dass ihr Jahr im Norden die glück-
lichste Zeit ihres Lebens gewesen war. In einem Brief vom
07.02.1993 erzählt sie außerdem: »Meine Überwinterung
auf Gråhuken war eine besonders intensive Erfahrung,
nicht nur wegen der überwältigenden Natur im hohen
Norden, sondern auch auf emotionaler Ebene: wegen der

langen Dunkelzeit und der darauffolgenden Auferstehung *der Welt des Lichtes!*«

Christiane Ritter wurde 104 Jahre alt.

UND ICH: Ich muss gestehen, dass ich mich immer noch ein bisschen fürchte, der Dunkelheit aber inzwischen etwas gelassener ins Auge blicke. Ich entwickle mich ständig weiter, bemühe mich um neue Alltagsroutinen, so werden beispielsweise alle Bildschirme eine Stunde vor dem Zubettgehen ausgeschaltet. Ich will konsequenter sein, manchmal schaffe ich es sogar. Ein altmodischer Wecker ziert inzwischen meinen Nachttisch, sodass das Handy nachts in der Küche bleiben kann. Außerdem schöpfe ich Hoffnung aus deutschen Aufständen gegen Energiesparlampen, in Himmelskörpern und dem Kampf für den Nachthimmel. Hoffnung durch die NASA, die alle blauen Lichtquellen einer Raumstation ausgetauscht hat, weil die Astronautinnen und Astronauten unter Schlafstörungen litten. Ich setze meine Hoffnung außerdem auf Amber-LEDs, die mit ihrer wärmeren Farbe trotzdem effektiv ausleuchten und schonender für Mensch und Tier sind, auch wenn sie aktuell noch mehr kosten als andere Leuchtmittel.

Hoffnung liegt auch darin, dass du das hier liest.

DANKSAGUNG

Vielen Dank an alle, die ihr Wissen mit mir geteilt und mir zugehört haben, wenn ich über die Inhalte dieses Buches sprechen wollte.

Danke an meine Kinder, die immer für gute Geschichten zu haben sind und an Mama und Papa, die mich nach Finse mitnahmen. Herzlichen Dank auch an dich, Steinar, dafür dass du aushältst und mich hältst.

QUELLEN

Bücher:

Couper, Heather und Nigel Henbest: Schwarze Löcher. Tessloff. 1997.

Fosse, Jon: Die Nacht singt ihre Lieder und andere Stücke. Rowohlt. 2016.

Fosse, Jon: Dikt i samling. Samlaget. 2009.

Heber, Sigvard: Bergensbanen = Die Bergenbahn = The Bergen Railway. Narvesens Kioskkompani. 1913.

Lindmo, Anne; Helle Vaagland: Heia Mamma! Aschehoug. 2007.

Lutro, Sveinung: Skrekkelig jul. Cappelen Damm. 2017.

Ritter, Christiane: Eine Frau erlebt die Polarnacht. Ullstein. 1997.

Rovelli, Carlo: Sieben kurze Lektionen über Physik. Rowohlt. 2015.

Samset, Bjørn H.: Lys. Spartacus forlag. 2018.

Sandberg, Sigri: Polarheltinner. Gyldendal. 2012.

Sverdrup Thygeson, Anne: Libelle, Marienkäfer & Co.- die faszinierende Welt der Insekten und was sie für unser Überleben bedeuten. Goldmann. 2019.

Therkelsen, Line: Magisk jul. Orage. 2017.

Visted, Kristofer: Jul i gamle dager. Spartacus forlag. 2016.

Zern, Leif: Das leuchtende Dunkle: zu Jon Fosses Dramatik. Epodium. 2006.

Åmås, Knut Olav: Mitt liv var draum – ein biografi om Olav H. Hauge. Samlaget. 2004.

Artikel:

Diverse Artikel über Terje Larsen, den Landstreicher, abgerufen im Zeitungsarchiv *Retriever* der Zeitungen Bergens Tidende, Ringerikes Blad, VG, NTB, Dagbladet, Aftenposten und Bergensavisen zwischen 2001–2018

Über Angst vor der Dunkelheit: Fjell og Vidde, Dezember 2014

Über den Orkan auf Spitzbergen schreibe ich basierend auf einem Text, der erstmals im Utemagasinet 2011 publiziert wurde

Hilfreiche Gespräche und Interviews mit:

Asle Hoffart, Psychologieprofessor

Erling Fjeldaas, Jurist

Janne Grønli, Psychologieprofessorin, Schlafspezialistin

John Smits, Meteorologe

Petter Bøckman, Zoologe

Svein Jonny Albrigtsen, Bergarbeiter

Tone Elise Gjøtterud Henriksen, Ärztin

Vegard Lundby Rekaa, Astrophysiker

Veröffentlichte Arbeiten:

Fjeldaas, Erling: Regulering av lysforurensing i norsk rett (Masterarbeit). Universitetet i Oslo. 2017.

Internetartikel:

Aiken, Chris: Smartphones, Evening Light, and Childhood Bipolar Disorder. 2018. Psychiatric Times, 31. August. Zugriff via: www.psychiatrictimes.com

Austgulen, Rigmor: Olav H. Hauge – tåler helter dagens lys. Tidsskrift for Den norske legeforening. 2008. 18. Dezember (24. Ausgabe). Zugriff via: www.tidsskriftet.no

Avner, Terje: Universets sorte hull sluker alt på sin vei. Aftenposten. 2015. 24. März. Zugriff via: www.aftenposten.no

Berge, Torkil: Hva er depresjon. Norsk psykologforening. 2015. 4. Dezember, Überarbeitung am 16. April 2018. Zugriff via: www.psykologiforeningen.no

Bjørnstad, Lasse: Lyset fra skjermen forstyrrer søvn og gjør deg trøtt om morgenen. Forskning.no. 2015. 22. Januar. Zugriff via: www.forskning.no

Boyle, Rebecca: Kunstig lys tar over kloden. Harvest. 2018. 27. August. Zugriff via: www.harvestmagazine.no

Brekke, Asgeir: Det farlige nordlyset. Nordlys. 2005. 23. September. Zugriff via: www.nordlys.no

Børresen, Anne Kristine: Geologer i felt. Geo365. 2014. 4. Juli. Zugriff via: www.geo365.no

Dvergsdal, Arne: Fra sykdom til mesterskap. Dagbladet. 2000. 28. August. Zugriff via: www.dagbladet.no

Dæhlen, Marte: Dårlig søvn er dyrt for samfunnet. Forskning.no. 2018. 11. Juni. Zugriff via: www.forskning.no

Elstad, Hallgeir: Frå Lussi til Lucia. Det teologiske fakultet, Universitet i Oslo. 2017. 13. Dezember. Zugriff via: www.uio.no

Fjeldaas, Erling: Stjernene som forsvinner. Dagbladet. 2018. 2. Oktober. Zugriff via: www.dagbladet.no

Fobier.net (ohne Zeitangabe): Fakta om fobier. Zugriff via: www.fobier.net

Fyllingsnes, Ottar: Olav H. Hauge: Brende diktmanus. Dag og Tid. 2004. 21. August. Zugriff via: www.dagogtid.no

Graven, Andreas R.: Søvntyv fram i lyset. Forskning.no. 2013. 23. Mai. Zugriff via: www.forskning.no

Graven, Andreas R.: Ungdom trenger mer søvn, men sover mindre. Forskning.no. 2013. 2. Mai. Zugriff via: www.forskning.no

Grønli, Janne: Godt om søvn. Tidsskrift for Den norske legeforening. 2014. 25. März. (6. Ausgabe). Zugriff via: www.tidsskriftet.no

Grønli, Janne et al.: Basale søvnmekanismer. Tidsskrift for Den norske legeforening. 2009. 10. September (17. Ausgabe). Zugriff via: www.tidsskriftet.no

Haugan, Idun: Mørketidsmedisin. Forskning.no. 2013. 11. Januar. Zugriff via: www.forskning.no

Helse Fonna: Oransje briller gir betring til maniske pasientar. Helse Fonna. 2017. 15. Juni (Überarbeitung vom 12. November 2018). Zugriff via: www.helse-fonna.no

Henriksen, Tone E.G. et al.: Søvnproblemet kan være et

lysproblem. Aftenposten. 2017. 18. Dezember. Zugriff via:
www.aftenposten.no

Hildebrandt, Sybille: Slik virker søvn. Forskning.no. 2009.
19. März. Zugriff via: www.forskning.no

Hoffmann, Thomas: REM-søvn løser problemene. Fors-
kning.no. 2009. 27. Juni. Zugriff via: www.forskning.no

Illustrert vitenskap: Hva er lysforurensing. Illustrert vitenskap. 2009. 1. September. Zugriff via: www.illvit.no

Jakobsen, Siw Ellen: Etter én eneste natt uten søvn begyn-
ner kroppen å lagre fett. Forskning.no. 2018. 31. August.
Zugriff via: www.forskning.no

Kjensli, Bjørnar: Gjødselbille navigerer etter stjernene.
Forskning.no. 2013. 28. Januar. Zugriff via:
www.forskning.no

Kristoffersen, Martin Jacob: Kunstig lys kan true polline-
ringen. Nationen. 2107. 16. August. Zugriff via:
www.nationen.no

Kvittingen, Ida: Derfor husker noen oftere drømmer. Fors-
kning.no. 2014. 20. Februar. Zugriff via: www.forskning.no

Lauritsen, Eivind Nicolai: Behandling mot søvnløshet
førte til færre psykiske plager. Forskning.no. 2017. 12. September. Zugriff via: www.forskning.no

Lussi in Wikipedia. Zugriff via: www.wikipedia.org

Lysvåg, Erlend Christian: Mørkets øy. Harvest. 2015.
26. März. Zugriff via: www.harvestmagazine.no

Albtraum in Wikipedia. Zugriff via: www.wikipedia.org

Melatonin in Wikipedia. Zugriff via: www.wikipedia.org

Midtvinterdagen in Wikipedia. Zugriff via:
www.wikipedia.org

Milde, Svein Harald: Mentale bilder gir fysiske forandringer. Psykologisk institutt. Universitetet i Oslo. 2014. 24. Januar. Zugriff via: www.sv.uio.no

Mortensen, Silas: Spør en forsker: Hva er mareritt, og hvorfor får vi dem? Forskning.no. 2010. 9. Oktober. Zugriff via: www.forskning.no

Nilsen, Lisbeth: Mer bipolar sykdom hos forskere og forfattere. Dagens medisin. 2012. 17. Oktober. Zugriff via: www.dagensmedisin.no

Polarstern in Wikipedia. Zugriff via www.wikipedia.org

Noregs vassdrags- og energidirektorat: Kraftåret 2017: Rekordhøyt strømforbruk og høye priser til tross for vått og varmt år. 2018. 22. Januar. Zugriff via: www.nve.no

Norsk Helseinformatikk: Diagnostikk av depresjon. 2018. 27. März. Zugriff via: www.nhi.no

Norsk Helseinformatikk: Hva er søvn? 2017. 4. April. Zugriff via: www.nhi.no

Norsk institutt for naturforskning: Lysforurensing påvirker alt fra encellede dyr til mennesker. Norsk institutt for naturforskning (Nina). 2015. 13. Februar. Zugriff via: www.nina.no

Öllampe in Wikipedia. Zugriff via: www.wikipedia.org

Psykisk helse: Depresjon. Psykisk helse. Zugriff via: www.psykiskhelse.no

Rosvold, Knut A.: Elektrisk lys. Store norske leksikon. 2018. Zugriff via: www.snl.no

Strand, Nina: Olav H. Hauge og Valen sjukehus. Tidsskrift for Norsk psykologforening. 2005. 1. Januar (Ausgabe 42, Nummer 1). Zugriff via: www.psykologtidsskriftet.no

Stranden, Anne Lise: Svenske ungdommer får mer angst-dempende medisiner. Forskning.no. 2018. 8. August. Zu-griff via: www.forskning.no

Ulfrstad, Lars-Marius: Stjernehimmelen som forsvinner. Aftenposten. 2004. 2. April. Zugriff via: www.aftenposten.no

Valmot, Odd R.: Snart 150 år med strøm i Norge: Her er elektrisitetens historie. Teknisk Ukeblad. 2018. 11. Februar. Zugriff via: www.tu.no

Valmot, Odd R.: Slik virker lyset på kropp og sinn. Teknisk Ukeblad. 2012. 22. Februar. Zugriff via: www.tu.no

Zeus in Wikipedia. Zugriff via: www.wikipedia.org

*

Diverse Artikel auf www.darksky.org/

Video mit Tone Henriksen: www.vimeo.com/170022873

Gedichte

S. 43: Sonja Nyegaard: Natt (utdrag). In: Mørket er et mirakel. Kolon. 2018.

S. 56: Olav H. Hauge: Vintermorgon. In: Dropar i Austavind, Noregs Boklag. 1966.

S. 85: Jon Fosse: I eit mjukt mørker. In: Hundens bevegelsar. Samlaget. 2009.

S. 86: Jon Fosse: Auszug aus dem Schauspiel Ein sommars dag. Samlaget. 1998.

S. 103: Jon Fosse: Så lenge sidan dei andre. In: Nye dikt. Samlaget. 2009.

S. 139: André Bjerke: Berceuse. In: Regnbuen. Aschehoug. 1946.

S. 147: Jon Fosse: I und II In: Hundens bevegelsar. Samlaget. 2009.